# 阿尔贝特·施韦泽传

爱　舒◎著

时代文艺出版社

图书在版编目（CIP）数据

阿尔贝特·施韦泽传 / 爱舒著 . —长春：时代文艺出版社，2012.1（2021.5重印）

ISBN 978-7-5387-3903-9

Ⅰ . ①阿… Ⅱ . ①爱… Ⅲ . ①施韦泽，A.（1875～1965）－传记 Ⅳ . ①K835.656.2

中国版本图书馆CIP数据核字（2011）第271641号

出 品 人  陈  琛
责任编辑  徐  薇
装帧设计  孙  利
排版制作  隋淑凤

# 阿尔贝特·施韦泽传

爱舒 著

出版发行 / 时代文艺出版社

地址 / 长春市福祉大路5788号  龙腾国际大厦A座15层  邮编 / 130118

总编办 / 0431-81629751  发行部 / 0431-81629755

官方微博 / weibo.com / tlapress  天猫旗舰店 / sdwycbsgf.tmall.com

印刷 / 保定市铭泰达印刷有限公司

开本 / 710mm×1000mm  1 / 16  字数 / 140千字  印张 / 12

版次 / 2012年4月第1版  印次 / 2021年5月第3次印刷  定价 / 29.80元

# 授奖辞

*Award-winning Remarks*

对人类自由与和平的热爱，以及达到四海一家，在为非洲
人民医疗服务的自我牺牲精神。

——诺贝尔奖委员会

# 目录

——他轻轻地在这地球上走过，留下绿草、鲜花，撒下一路芬芳。

他是一位音乐天才，在音乐的道路上一生都未曾止步，他又是哲学与神学的双博士，他的一生正如他自己所描述的那样："上帝啊！当跑的路我跑过了，尽力了，我一生扎实地活过了。"他完美地实践了人道主义，并在宗教、哲学、音乐等领域中发表了大量论著，为后人留下了宝贵文献，晚年更是竭尽全力地呼吁反对核战。

听到非洲的苦难召唤时，他放弃了已拥有的一切，在苦读8年医学之后，终于获得了行医证和医学博士学位。他和妻子海伦娜一起来到了非洲，开始了他的行医生涯，他们在这片蛮荒、贫穷、落后的土地上为非洲人民献上了全部的爱心、精力和智慧，几近50年。

在施韦泽看来，渴望生存、害怕毁灭和痛苦，不仅是人类的一种本能，也是每一个生命体都具备的本能。他的一生都在反对暴力与侵略，对于他来说，自己的生命充满了意义，而他身旁的一切生命也有相当重要的意义。施韦泽深信宇宙间所有的生命都是结合在一起的，当我们致力于帮助别的生命时，我们有限的生命可体验与宇宙间无数的生命合而为一。

爱因斯坦这样评价施韦泽："在20世纪的西方世界，施韦泽是唯一能与甘地相比的具有国际性道德影响的人物。"的确，施韦泽是一个非常值得我们敬佩的伟人。在他的身上，充分地体现了古希腊人全面发展的理想和基督教博爱精神的完美结合。

施韦泽用纯净的灵魂感动着世间罪恶的一切，他用天籁般的音乐触动着世人的心弦，他那血肉之躯是存在于世间的菩萨，在这纷乱之中无所求，只是用一颗无私而善良的心去拯救那些受苦于疾难之中的人。在他的心里，一切生命都是平等的，值得敬畏的！

第一章　小小顽童

# 1. 瘦弱的婴儿

阿尔萨斯是一个依山傍水、美丽富饶的地方，但它也是一处悲剧之地。它就像皮球一样被德、法两国不断地争来抢去，这是由于它地处德、法两大民族势力冲突的区域。这里一直是德国人居住的地方，直到路易十四时，这里被改隶于法国。1871年的普法一役，法国战败，阿尔萨斯又被德国收回。第一次世界大战后，这里再次落入法国手中。第二次世界大战的枪声刚刚响起，希特勒便迅速将此地占领，此处又归属到德国名下；大战到了尾声德国一败涂地，此地又归法国所有。

1875年1月14日，阿尔贝特·施韦泽就诞生在这个悲剧、动荡之地。在施韦泽出生时，阿尔萨斯隶属于德国，所以施韦泽的前半生持有的是德国护照，直到1920年1月，随着《凡尔赛协定》的生效，施韦泽便成了法国公民。

《最后一课》这篇出自19世纪法国著名现实主义小说家都德之手的非常著名的短篇小说，描写的就是普法战争后，阿尔萨斯被德国人抢回，一个小学校被迫改学德文的故事。

也许正因如此，阿尔萨斯人通常说两种语言——法语与德语，当然施韦泽也不例外。他的大部分著作都是用德语完成的，尽管最开始的《巴赫论》是用法语写成的，那是应老师的要求，后来施韦泽又重新整理了当初法文版《巴赫论》的原有资料，翻写成比法文更好的德文版。德文版的《巴赫论》从原有的455页增加至844页，内容更加翔实。虽然著作是用德文书写，但是施韦泽在非洲与病人、管理机构等交谈时，或与朋友们聊天时，通常使用法语，这正是拜阿尔萨斯的特殊地理环境所赐。

施韦泽出生在一个牧师家庭，父亲路德维希·施韦泽是一个贫困潦倒但受人尊敬的牧师。在施韦泽家族中出了许多牧师、教师、作家、音乐家。施韦泽的母亲阿德勒的家庭也是同样的，她是牧师的女儿，施韦泽的外公西林格尔在当地是一位非常有名的牧师。西林格尔是一位启蒙运动的跟随者，非常具有18世纪精神，他经常向前来做礼拜的人们讲解他的新发现与对政治局势的新见解，并且大家也都非常喜欢听。他的另一大爱好就是研究管风琴，在当地，他是一位非常有名的管风琴家，他的即兴弹奏更是众所周知。

西林格尔对施韦泽有着很深的影响，虽然施韦泽跟外公的直接接触不是很多，但是在母亲的讲述中，外公的形象足以影响施韦泽。

另一个对施韦泽影响较大的，是他的舅舅阿尔贝特。母亲曾经告诉过施韦泽，他的名字之所以会起为阿尔贝特，就是为了纪念已故的同父异母的哥哥。他是一个善良、富有同情心的人，也是一名牧师，在斯特拉斯堡的圣尼古拉教堂。在普法战争期间，斯特拉斯堡被包围，牛奶十分短缺，就在这样的情况下，他还是每天早上把自己的牛奶送给一个贫困的老妇人。

在1870年维桑布尔战役后，斯特拉斯堡急缺药品，于是医生便派他前往巴黎取药，在千辛万苦之下，他总算拿到了一部分药，当他回到斯特拉斯堡时，却被德军扣留了下来，并强制他参与了围城，这使施韦泽的舅舅受到了精神上的折磨。他常想，他的教区一定认为自己在艰难的时刻抛弃了他们。不久之后，他便因为这件事，在极度悲怆与抑郁中去世了。

1875年是凯泽贝尔葡萄盛产的一年，对于出生在这么一个葡萄盛产之年，施韦泽觉得特别自豪。

在施韦泽出生半年后，举家迁至明斯特山谷中的根斯巴赫。由于在凯泽贝尔居住的人们大多信奉天主教，因此新教牧师在那里没什么事可做，路德维希便担任了根斯巴赫的牧师。

在路德维希的就职仪式上，他的孩子们也被介绍给其他牧师的太太，尽管阿德勒用漂亮的衣物把施韦泽包裹起来，但是这个瘦弱枯黄的婴儿，还是很难让客人们上前说几句恭维的话。阿德勒很难控制住自己的感情，便抱着小小的施韦泽躲在屋子里偷偷地哭泣。

有一次，阿德勒甚至认为瘦弱的小施韦泽死了，于是她整天为了施韦泽担心，不知道这个脆弱的小生命能不能顺利地成长。也许是根斯巴赫清新的空气和新鲜的牛奶在施韦泽身上起了作用，这个瘦弱的婴儿竟奇迹般地健康了起来。

在施韦泽出生之前，路德维希家已经有一个女儿，路易斯。现在施韦泽的父母已经有一个儿子和三个女儿。另外两个女儿，也就是施韦泽的妹妹分别是阿德勒、玛格雷特。1882年家里又迎来了一个男孩的诞生，施韦泽的弟弟保尔。施韦泽的父母一生孕育了六个儿女，不幸的是最后一个叫艾玛的女儿夭折了。

施韦泽的全家住在牧师住宅中，那栋房子已经有100多年的历史了，特别的潮湿，因为这个原因，路德维希总是生病。

但是这里的一切对于施韦泽和他的姐妹们来说显得那么的美好，长满葡萄的山谷、清澈的溪水、许许多多的动物，一切的一切，就像是在天堂一样。

# 2. 跟大家一样

施韦泽一家是贫困的，施韦泽想让大家知道，他跟大家是一样的，并没有高出他们许多，但是在村子里的孩子们眼中，施韦泽是有钱人家的少爷，正是因为这些看法，让施韦泽没少受苦。

施韦泽小时候，很少与其他人发生争执，算得上比较文静的那类孩子。就是这样的他，却在一天放学回家时，与村子里一个名叫盖奥克·尼契隆的顽童发生了争执。

盖奥克·尼契隆的身材跟施韦泽比起来，可以称得上魁梧，因此，在尼契隆的眼里，施韦泽不过是一个牧师公馆里的略显苍白无力的少爷而已，一定不会是自己的对手。当双方开始对打后，他发现施韦泽的力量非常大，不仅将自己的进攻顺利地化解了，而且还反过来占了上风。

围观的伙伴们也都感到很意外，这个平日里温文尔雅的小少爷，怎么有如此大的力气，将这个公认的顽童制住。大家开始齐声为施韦泽加油助威，一会儿的工夫，施韦泽便将尼契隆摔倒，按压在自己的身下，尽管尼契隆拼命地挣扎着，但是施韦泽就像一块沉重的巨石一样压在他身上，他根本就没有办法站立起来。

尼契隆仍是不服气，仰着头对施韦泽愤怒地说："我之所以会输给你，那是没有办法的事。如果我也可以像你一样，每周吃到两次带肉的汤，我一定会赢你的！"

施韦泽愣了一下之后，便把尼契隆放开了。尼契隆迅速地站了起来，并用眼神瞟了施韦泽一眼。此时，就连在一旁为施韦泽呐喊助威的伙伴们，也开始因为尼契隆的话对施韦泽投来了藐视的目光。施韦泽有些难过，心里不禁想起刚刚大家看自己的眼神，难道每周吃两次带肉的汤，有什么错吗？这是一件很奢侈的事吗？

想来也是，大家都过着贫穷的生活，怎么可能吃到肉呢，更别说是一周两次了，在他们看来，自己一定是娇生惯养的少爷。

此刻的施韦泽，再也没有了获胜的喜悦。他离开了伙伴们，独自回家。一路上他都在想，原来村子里的伙伴们并没有真正把自己当成朋友对待，他们只是表面上装作和自己很亲近罢了，他们在内心里早就认定了自己是个少爷。

从那以后，施韦泽就再也不想吃肉汤。一看到肉汤就会让他想起尼契隆的话——因为你每周都可以吃两次肉汤。

当母亲再次把他之前最喜欢的肉汤端到他面前时，他一把推开了。母亲似乎被他的这个动作吓到了，愣了一下，赶忙问道："不想吃肉汤了吗？是不是什么地方不舒服？"

施韦泽有些生冷地回答道："没有哪里不舒服，就是不想吃而已。"

母亲一听，觉得更加奇怪了，施韦泽平时是最喜欢吃肉汤的，今天是怎么了？母亲便开始左问右问的，一定要问个明白，就连一旁静静吃饭的父亲也加入了进来，让他一定要说明原因。

任凭母亲和父亲怎样询问，施韦泽也不说出理由，只是表示自己不会再吃肉汤了。

父母是没有办法理解他此时的心情的，他想跟村子里其他的伙伴一样，不想让他们觉得自己是一个少爷，高他们一等。所以他不想再吃肉汤了。

自那之后，类似的事就经常在施韦泽的家里出现。

有一年的冬天，施韦泽有一件大衣，是用父亲以前的大衣改制而成的。可是村子里没有一个伙伴有这样的大衣，施韦泽有些不开心。为他改做大衣的裁缝没有注意到他的情绪，在为他穿上刚修改好的大衣后，还说了一句："少爷，这件大衣您穿起来真是漂亮！"

尽管它真的很漂亮，穿上它真的觉得很暖和，但施韦泽还是寻找各种借口，不把它穿出去。

一个礼拜天，施韦泽因此遇到了麻烦。父亲见天气很冷，便叫施韦泽穿上新做的大衣去做礼拜。

施韦泽毫不犹豫地拒绝了："我想应该不必吧！"

"做都做好了，现在不穿，要什么时候穿啊？"

"我想，真的不必了吧！"

"要你穿，你就穿上好了。"

"可是我真的不冷。"

"是不是因为它是用旧大衣改做的，所以你不想穿呀？"

"不是这样的，父亲。"

"那你就穿吧。"

"可是村子里的孩子们都没有……"

他的话还没有说完，父亲的巴掌就已落在了他的脸上，并向他吼道："你这个倔强的东西。"

不管父亲怎样，施韦泽早就下定了决心，不会穿它的。最终他胜利了。

这次的胜利，并没有改变父母的想法，也没有使父母了解施韦泽正在坚持着什么，每遇到要穿这件衣服的时候，一场场不愉快便在施韦泽家里上演。

平时上学的时候，施韦泽也要穿上和村子里的伙伴们一样的连指手套和木鞋，这也给父母带来了很大的烦恼。尤其是在家里来客人的时候，大家必须按照等级穿着。不过还好，在家里施韦泽尽量妥协、让步，但是一旦被要求到户外去陪客人散步，倔强的他立刻坚持起来矛盾就会产生，于是挨父亲的耳光或是被关进地下室里的情形又会上演，但不论怎样都不能改变施韦泽想跟大家一样的主意。在家里只有他的姐姐路易斯能理解他的想法，这让施韦泽或多或少得到一些安慰。

有一次，他要陪母亲去斯特拉斯堡看一位亲戚。斯特拉斯堡是一座大城市，有很多商店，根斯巴赫同这里根本无法比较。因此，母亲就想给他买一顶新帽子。母亲找到了一家特别高档的帽子店，并让店员为施韦泽介绍试戴了好多帽子，最终决定给他买下一款非常可爱的水手帽。

但是施韦泽并不想要这顶帽子，因为村子里的孩子们，没有一个人能戴上这样漂亮的帽子。母亲拿他没有办法，就说："你是不是又要耍小脾气啦，你不喜欢这顶，就自己选一顶吧！"

这时店员也在旁边插话："既然母亲要给您买一顶帽子，您就选择一顶吧。如果这些您都不喜欢，那您告诉我您喜欢什么样的，我帮您寻找。"

这里的每一顶帽子都很漂亮，但是没有一顶是村子里的伙伴们能戴的。施韦泽吞吞吐吐，半天才说出来："你们这里有没有村子里的伙伴们戴的那种帽子，我要那种。"

店员在一堆可以遮住耳朵的褐色的风帽中取出一顶，递给了施韦泽。

母亲觉得很丢脸，出尽了洋相，付了钱，便匆匆离开了。

但是施韦泽却特别高兴。

施韦泽曾在回忆的时候说："当时，母亲并没有向我发脾气。她虽然不能理解我为什么不喜欢那些漂亮的帽子，但她明白了，她的儿子正在认真、严肃地为某种想法而烦恼着。"

# 3. 善良的本性

尽管施韦泽因为一直不能被村子里的伙伴们认可而烦恼着，但是没有人了解他的想法，伙伴们还是时常戏弄他，称他为"少爷"，施韦泽不能反抗，只好默默承受着。

关于承受戏弄，有个犹太人可以称得上是施韦泽的老师。他叫茅谢，是位脸上长满黑斑、留着络腮胡子的老人，住在隔壁村子，做牲口和地产生意，每次他路过根斯巴赫都赶着一头毛驴。

在根斯巴赫及其周边地区，就只有茅谢这么一个犹太人。要知道，在当时的欧洲，犹太人很不受欢迎，很没有地位。在历史上，我们可以了解到，在欧洲各地，时常会有大规模的迫害犹太人的行为发生，其中严重的一次，应该算是第二次世界大战时纳粹对犹太人的屠杀。

因此，每当茅谢路过村子时，都会引起孩子们的围观，他们跟在茅谢的后面，大声地叫喊着"茅谢！茅谢……"甚至有人用自己的围巾或上衣弄成猪耳朵的样子，一直追赶到桥边，老人与毛驴离开村子才罢休。

老人从不生孩子们的气，只是默默地牵着毛驴走自己的路。有时也会回过头，冲着大家无奈地笑笑。

起初施韦泽也跟着大家一起叫嚷，但看到老人的那种微笑后，就再也不能跟随大家那样做了。老人默默承受着孩子们无情的嘲笑，这种深切的悲哀触动了施韦泽的内心。

自此以后，施韦泽再也没有参加过伙伴们跟随老人的活动。他开始觉得那位可怜的老人正是自己的老师，他要向老人学习，在自己的内心深处承受属于自己的痛苦。以至于在施韦泽上了中学之后，每次在上学的路上遇到老人，他都要亲切地向老人打招呼，以表示自己的敬意。

施韦泽在老人身上学会了承受别人戏弄的痛苦，但是来源于内心深处的自责又该怎么办呢？

施韦泽家有一只黄狗，取名为菲拉克斯，它极其讨厌穿制服的人，每次看到邮递员，它总是要扑上去。因此，施韦泽的家人就指派他，在邮递员来的时候，看住它。施韦泽拿着棒子把狗赶到院子的一角，只要它想逃走，就用棒子来修理它。起初在施韦泽眼里这是一件非常自豪的事，但事后，他们像朋友坐在一起时，施韦泽就会为打了它而感到自责、内疚。其实，他完全可以拉住它的项圈，安抚它，这样它也伤害不到邮递员。

一次，施韦泽到邻居马车夫家里，他家的马又老又瘦，早就不该驾车。由于施韦泽被充当马车夫的激情所吸引，尽管知道马已经很累了，但还是乐此不疲地用力挥舞着鞭子。当施韦泽驾着马车回到家时，马已经累得快不行了，此时他的兴致一扫而光，只能默默地请求它的原谅。

一次圣诞节，施韦泽驾着马拉的雪橇，突然邻居家的狗跳了过来，对着马大叫。施韦泽想，自己应该有权利赏它一鞭子，于是挥过去一鞭子。尽管施韦泽不是有意瞄准的，但是鞭子直接抽中了它的眼睛，它开始在雪地里哀号着打滚，在之后的几个星期里，那痛苦的哀号声仍在施韦泽的耳边萦绕。

施韦泽的内心是挣扎的，他有像其他孩子一样征服世界的欲望，但本质里更多的却是善良与柔软。

一次，他的朋友布来舒来找他玩，他们一起用橡皮筋制作了一把弹弓。时值初春，也是耶稣受难期。一个天气晴好的周末，布来舒便提议："我们到葡萄园里去打小鸟吧！"

施韦泽从没想过要用这个东西去打小鸟，但是对于兴致勃勃的朋友，不好意思拒绝，更害怕他会嘲笑自己，只好跟在后面去了。

葡萄园里到处都可以听到小鸟的叫声。施韦泽和他的朋友走到了一棵树附近，树上的小鸟正在高兴地唱着歌。布来舒慢慢地蹲下身子，摆好姿势，夹上小石子对准了树上的小鸟。施韦泽不想打，但是布来舒向他发出了示意的眼神，他只好夹起小石子，像布来舒一样瞄准。

就在此时，传来了教堂的钟声（是教堂大钟召唤信徒的'主鸣'前半个小时的'初鸣'），像是诉说着——汝不能杀生！（《圣经》中的戒律）

施韦泽立刻扔掉了手中的弹弓，并向小鸟喊道："快飞走，危险！"

布来舒急忙打了过去，但是小鸟已被施韦泽惊走。生气的布来舒大骂了施韦泽一顿。虽然挨了骂，但是施韦泽还是觉得自己救下小鸟是一个很明智的决定。

同村的小伙伴邀施韦泽去钓鱼，去了几次之后，施韦泽开始讨厌这种虐待小鱼的行为，便不再去了，甚至鼓足了勇气阻止同村的伙伴钓鱼。

本性善良的施韦泽在经历过一次次内疚、惭愧之后，逐渐地形成了自己的信念：唯有在不能避免的自然条件下，我们才可以给其他生命带来痛苦和死亡。

# 4. 父亲的书房与乡村小学

施韦泽的童年，跟其他的乡下小孩一样，没有约束，整天在花园里、街道上、山谷中和小伙伴们玩耍，因此施韦泽从没有想过有一天自己要去上学。5岁那年，父亲要带他去乡村小学上学时，他还为此哭了整整一天，因为不想结束这种自由自在的生活。

在家里，施韦泽最不喜欢的就是父亲的书房，因为那里弥漫着书的气味，这让施韦泽觉得喘不上来气，只有在不可避免的情况下，施韦泽才会去书房里。因此，每年的圣诞节和新年是施韦泽既期待又害怕的节日，因为收到了礼物，父亲就要催他们赶快写感谢信。

感谢信的内容基本相同，主要包括三个方面：其一，对礼物赠予者的感谢，还要保证在所有礼物中，我最喜欢的就是这个礼物；其二，要写出被赠予的所有礼物；其三，要送上自己对对方的新年祝福。虽然形式上很简单，但是每封信的写法要有所不同，而且在写每封信之前，要打好草稿，并交由父亲检查，之后再修改，最后要准确、整洁地写在信纸上，以至于好几年的圣诞节施韦泽都是在泪水中度过的，不过幸好有姐姐的帮忙，这让施韦泽非常感动。

感谢信在施韦泽的脑海里就像是一个阴影一样，以至于当他成年后，给小朋友们寄去礼物后，禁止他们给自己写感谢信，因为他觉得孩子们不该像他一样，在泪水中度过圣诞节和新年。

圣诞节之后的一个礼拜是父亲对施韦泽他们最为严厉的一个礼拜，其余的时间，在施韦泽的眼里，父亲还是一个很善解人意、开明的人。

在乡村小学发生的一件事，一直让施韦泽耿耿于怀，那就是朋友的出卖。对于"残疾者"这个词，施韦泽还没有很好地理解它的意思，只是觉得这应该是特别让人反感的意思。学校里新来了一个女老师，她对施韦泽来说还是神秘的，而且她还没有博得施韦泽的好感，因此，在与一位要好的同学交谈时，他便随口说了一句："新来的女老师是残疾者，你不要告诉别人。"对方很爽快地答应了。

几天之后，施韦泽和同学在上学的途中发生了争执，于是他的同学便威胁施韦泽，要把他说老师是残疾者的这件事告诉老师。当时，施韦泽以为那是朋友间的玩笑，所以并没有在意，结果在课间休息时，朋友竟然真的把这件事告诉了老师。虽然这件事在老师那里并没有引起什么不好的后果，但是对施韦泽的影响还是蛮大的，以至于他要花很长时间来接受这个事实。

还有一件事也发生在施韦泽上小学的时候——自行车的问世。

一天，施韦泽听到附近的车夫们正在发泄着一些不满，原来最近在马路上出现了一些骑在大轮子上的人，这使他们的马受到了惊吓。施韦泽倒是对骑大轮子抱有十足的兴趣。

课间休息时，施韦泽和同学们在校园里玩耍，校园外面的人们突然乱了起来，很多人向对面的街道涌去。打听之后才得知，对街的酒馆里来了一个骑在大轮子上的人，当时的人们更愿意称他为

"快跑者"。

于是施韦泽和同学们也一股脑地奔向了对街，完全把学习抛到了脑后，在酒馆外面静静地看着那个神奇的大轮子，顺便等待那个骑着大轮子的"快跑者"。那人在喝了一大杯葡萄酒之后，终于出来了，在大家注视的目光中，他神气地骑上车离开了。

19世纪80年代中期，除了这种大轮子的自行车外，还有一种半高轮子的自行车也问世了。没过多久，小轮子自行车也问世了。与骑大轮子自行车的人相比，最早骑小轮子自行车的人是被大家所嘲笑的，因为大家都认为他们没有胆量去骑大轮子才会选择小轮子。

施韦泽梦想着有一天自己也可以拥有一辆自行车。这个愿望在他高中毕业的前一年终于得以实现。施韦泽花了230马克购买了一辆二手自行车，这些钱是他为后进生补习了一年半的数学才赚来的。辛苦了这么久，拿到自行车的那一刻，施韦泽简直欣喜若狂。

尽管不是很喜欢学习，在乡村小学上学期间也不是很用功，但施韦泽还是完成了他的小学学业，并学到了不少东西。

# 5. 音乐与性格

在音乐方面，施韦泽的确有天赋，这在他年幼的时候就表现了出来。

幼年时代的施韦泽就特别喜欢去教堂做礼拜。或许是受其长辈的影响，施韦泽的父亲是牧师，母亲也出生在牧师之家，因此在施韦泽的家里充满了宗教的气氛。毕竟他还是一个小孩子，遇到时间太久或听不太懂的讲道，难免会显得有些无聊，开始连连打哈欠。

但是只要听到大风琴庄严地响起，极有音乐天分的施韦泽便开始眉飞色舞起来，尽情地随音乐摇头晃脑，挥动手臂，时而和大家一起唱圣诗。

施韦泽在音乐方面的天赋，或许与遗传有关。施韦泽的父亲擅长钢琴，祖父辈的几个兄弟都曾是教会里的风琴手，外祖父更是将一生都奉献给了风琴演奏与制作上。外祖父每到访一个地方，一定要先去看看当地的风琴，他特别热爱这种庄重的乐器。

施韦泽5岁时，父亲就开始用外祖父留下来的箱型小风琴教他弹风琴。按照乐谱练习，他并不是很喜欢，他最擅长的是自由发挥，即兴地演奏，尤其喜欢按照自己的意思来给圣诗或歌曲伴奏。

因为如此，在上学后，他特别在意音乐课。那时的音乐课通常是由一位女老师为同学们弹奏《圣经》，但是这位女老师似乎不是很在行，只能勉强按照谱子来弹奏，伴奏就根本没有办法弹出来。施韦泽对这位老师的表现很不满意，下课后便找到老师问道："老师，为什么你不好好地把伴奏也弹出来呢？"

女老师还没来得及回答，他就已经走向风琴，开始弹起伴奏来。女老师有些吃惊，但也只能静静地看他弹奏。

在施韦泽上小学的第二年，每个礼拜要上两次书法课。每次课前，书法老师都要在大班教唱歌课，因此，他们必须早点到大礼堂前等待。当双声部的歌曲开始时，激动的施韦泽必须要靠墙站立才可以。后来他回忆说："那双声部的歌曲使我的内心都为之狂喜。"

在施韦泽第一次听到铜管乐时，也激动得几乎要失去了知觉，整个人都沉浸在音乐之中。

7岁时的施韦泽就写了一首赞美诗，并编写了和声，附在合唱曲的旋律里。

8岁时，他开始学教堂里的大风琴，虽然那时他的双脚还不能完全够到踏板。

9岁时，施韦泽在一次礼拜中代替正式的风琴师演奏，并开始了他在教堂礼拜中担任司琴的工作。

施韦泽在音乐上的天赋是毋庸置疑的。除此之外，在幼年时，施韦泽也表现出了性格方面的独特、出众。

一天，施韦泽坐在院子里的长椅上，静静地看着父亲处理蜜蜂的蜂巢箱。此时，一只小蜜蜂落在了施韦泽的手上，他喜出望外地喊着："父亲，你快看我的手上也来了一只小蜜蜂……"

话音还没落，这只调皮地小蜜蜂就跟施韦泽开了一个玩笑，在他的手上蜇了一下。施韦泽一害怕，便大声哭了起来，心想一定是因为父亲偷了它们的蜜，它们生气了，便在自己这里报了仇。

施韦泽的哭声惊动了大家，女佣们一起围了过来，一名女佣一把抱起施韦泽，亲了亲他的脸颊。母亲也开始责备起父亲来："你呀，什么时间弄不好，怎么可以在小孩子待在这的时候弄呢！"

大人们越是吵，施韦泽越是哭，因为他发现，这样可以博得更多人的同情。此时，他感觉到刚刚被蜇的地方已经不痛了，他想停止哭泣，但是又不能马上停止。

一旁的女佣说："哦，少爷，您一定很痛吧，那只蜜蜂真是可恶！"

听到女佣的话，施韦泽的哭声又高了起来，其实心里却是有一些高兴的。

日后，每当施韦泽想起这件事，便觉得自己是个特别卑鄙的人，自己明明已经感觉不到痛了，可还是在装哭，真是可恶极了。从此以后，施韦泽便发誓，以后不管什么样的不幸落在自己的身上，都不能装模作样来博得别人的同情。

如果说这件事表现出了施韦泽的心思特别敏锐，那么，另一件事，则表现出了他是一个不肯似懂非懂，凡事要追根问底，同时只要相信自己是正确的，便坚持自己想法的个性倔强的人。

刚到村子里读小学的时候，一次，老师讲了诺亚的故事。而这个故事，施韦泽是听父亲讲过的，所以很熟悉。那一年，恰好是个多雨的年份，就像诺亚的故事一样，这里已经下了40多天雨了，但是似乎没有要发洪水的迹象，于是施韦泽觉得《圣经》里记载的不一定都可靠，就向父亲提出了疑问："《圣经》里说，大雨连下40天，结果发生了洪水，连山都淹没了。可是我们这里也下了很久的雨了，为什么没有事呢？"

父亲回答道："从前的雨水不像现在是一滴一滴下的，是像倒盆子里的水一般注下来的。"

施韦泽听了父亲的解释，脑袋里的疑问便消失了。

他心想，老师既然要讲诺亚的洪水故事，那么一定也会说明从前的雨水跟现在的不一样。可是结束时老师也没有讲。施韦泽忍不住了，突然站了起来，质问老师："老师，你这样讲还不够，你应该好好说明一下。"

老师吓了一跳，说他胡说八道。但是施韦泽仍不肯让此事过去，于是又说了一句："老师，你应该告诉大家，当时的雨水不是一滴一滴掉下来的，而是像倒盆子里的水一般注下来的，这样大家才会明白。"

除此之外，施韦泽还在母亲那里继承了外公善良但又激烈易怒的性格。一次，施韦泽和妹妹阿德勒玩游戏纸牌。对于游戏，施韦泽显得格外的认真，而妹妹则表现得非常漫不经心，毫不在乎游戏的输赢，这使得全身心投入的施韦泽特别不尽兴，发怒的施韦泽便伸手打了妹妹。

这件事使得施韦泽自我反省了好一阵子，为了不让自己再出现这种情况，他发誓，以后再也不玩这种游戏。说到做到，施韦泽之后再也没有玩过纸牌。

　　在不断地探索与反省中发现自己好的性格，改变自己不好的性格，这就是这位伟人强大的内心世界。

第二章　反叛的中学时代

# 1. 从职业中学到普通中学

1884年，9岁的施韦泽要离开乡村小学，到明斯特上职业中学。那所职业中学离施韦泽家有三公里远，之间有大山相隔。因此，每天施韦泽都要走上六公里的山路。

施韦泽并没有觉得很辛苦，反而觉得很庆幸，可以漫步在大山之中。山上长满了树木，而山岳上是一大片的葡萄园与蛇麻草园，谷底是一条清澈碧绿的河流，每逢初春，还会出现水仙争相绽放的情形，春、夏、秋、冬，每个季节的景色都有所不同。美丽的自然风光给予施韦泽无限的激情，他热爱这样的大自然。

当施韦泽在美丽的自然风光中流连忘返时，他有了想把自己的感受写成诗的冲动，但是尝试了几次都没有成功。想把这美丽的风景表现在画作上，也失败了。于是，施韦泽便停止了这些想法，把秀丽的自然风光满满的装在了心里。在之后的音乐世界里，施韦泽把心中的美丽风光完美地融入音乐之中，给后人留下了宝贵的财富。

在乡村小学中，有很多人是比施韦泽更优秀的，但并不是每个人都有上中学的机会。因此，每当施韦泽在往返的路上，看到那些曾经努力勤奋上进的同窗因生活所迫放弃了学业，只能在家里劳作帮父母承担起家庭生活重任，便开始感谢老天能给自己这样好的境遇，同时也为那些中断学业的人感到惋惜。

跟乡下贫穷的同学相比，施韦泽的家境还算不错。父亲在乡下的小教堂里当牧师，收入是稳定的，然而家中姊妹很多，生活得并不比那些贫穷的乡亲富裕得多！按照正常的等级之分，牧师的儿子应该被送进普通中学读书才对，施韦泽是一个懂事的孩子，深知自己的家境，便放弃读中学的机会来到职业中学就读。

在职业中学是不教授希腊语与拉丁语的，所以要想继续读书就不大可能了。施韦泽的父亲是很想让他读普通中学的，但一是家里的条件不允许，二是父亲也看出施韦泽似乎并不喜欢做学问，也就不再坚持他的想法了。

上学时，施韦泽最喜欢的就是舍费尔牧师的宗教课。他的口才特别好，教授的宗教故事课使施韦泽一辈子都难以忘记，因为他总是能够特别感人地为学生们讲述《圣经》里的故事。

施韦泽在回忆录中这样写道："直到现在我还记得，当约瑟向他的兄弟们承认自己的身份时，舍费尔牧师是如何在讲台上哭泣，我们又是怎样在讲台下面随之抽泣的。"

舍费尔牧师说施韦泽是喜欢笑的人，其实施韦泽的性格比较内向、敏感，但是在学校的他还是比较容易笑的，因为同学们经常逗他笑，并起哄说："施韦泽笑了！"

转眼间，在明斯特职业中学已经读了一年书。经过父亲和母亲的商议，决定要把他送到米尔豪森的普通中学去。当得知自己要被送到米尔豪森的普通中学时，施韦泽因为要离开美丽的明斯特而着实难过了一阵子，偷偷地哭了好几次。

牧师的儿子在那里上学是免费的，之前没有送施韦泽去中学读书，是因为家里连他的生活费都很难支付得起。其实这次施韦泽到这所中学读书，并不是他家的处境有所好转，只是施韦泽的一个叔祖父在米尔豪森的小学当校长，他的一生虽然都在从事儿童教育事业，但是他们夫妇一直没有孩子，因此，他们主动提出，在施韦泽读普通中学期间，可以寄宿在他们家里。因此，施韦泽的父亲才能送施韦泽去读普通中学。

　　尽管这样给家里节省了不少钱，但是施韦泽知道家里的状况仍然不是很好，懂事的他尽量节俭些，来减轻家里的负担。在冬天，施韦泽还穿着夏天的衣服去上学，这惹来了许多同学的嘲笑，认为他是一个贫穷到缺衣少食的人。为了不让家人担心，施韦泽只好默默承受着这一切，想到这里，施韦泽又要感谢茅谢老人了。叔祖母是十分支持施韦泽的，在她眼里，只有贫乏和磨砺才能使一个人成才。而且施韦泽也为自己在米尔豪森的节俭感到自豪。

　　就这样，施韦泽度过了在米尔豪森的普通中学学习的时光。

# 2. 在路易斯叔祖父家

　　虽然在经济上得到了路易斯叔祖父和索菲叔祖母的帮助，但是当时的施韦泽并不是十分感谢他们，因为他们的家教实在是太严了。家里总是有这样或那样的规矩要施韦泽遵守。另外，由于他们是没有孩子的，所以他们不太容易理解小孩子内心的想法。叔祖父与叔祖母都是比较认真固执的人，在这里施韦泽必须严格遵守时间与规矩。因此，施韦泽觉得，在根斯巴赫父母的家与这里相比，简直就是自由的天堂。

　　叔祖父家住在圣母救助教堂中心学校的公务住宅里，那是一套有些阴暗的房子。施韦泽每天的时间都被严格地控制着，每天中午放学，吃过午餐后，就要在叔祖母的指示下开始练琴，直到下午上学。到了晚上，如果提前完成了作业，还要坐到钢琴旁去练习。而且叔祖母总是在他耳边念叨着："你不知道，音乐会使你的生活得到多大的改变。"叔祖母的话似乎有些预见性。在之后施韦泽要去非洲的时候，音乐的确帮助他筹集到了大量资金。

在叔祖父的家中，只有礼拜天的下午，施韦泽才可以自己安排时间，稍稍透一口气。施韦泽利用这段时间来散散步。尽管叔祖母不喜欢施韦泽到处闲逛，但她允许施韦泽去一些邻居家。在施韦泽的眼里，叔祖母是一个很严厉、可怕的妇人。但是，这种观点却在一个下午被改变。

初春的中午，阳光普照着大地，春风袭来，施韦泽望着窗外的一切，不自觉地放下了手中的笔。大自然的一切实在是太吸引人。这时，正在熨衣服的叔祖母对施韦泽说："我们去外面走走吧。"

施韦泽简直不敢相信自己的耳朵，正他犹豫的时候，叔祖母已经换好了外出的衣服，这时施韦泽才得以确定，自己没有听错。施韦泽和叔祖母散着步，欣赏着美丽的自然风光。虽然两个人一路上没有说多少话，但是叔祖母的行动，足以改变她之前在施韦泽心中的形象，以至于他觉得米尔豪森的家已不再是那么讨厌了。慢慢地她还允许，施韦泽在没有课的周三和周六下午出去散散步。

施韦泽很喜欢到米尔豪森南部的山上，眺望家乡明斯特的山脉。散步的时候，施韦泽还认识了一位在米尔豪森当牧师的阿尔萨斯诗人，他叫阿道尔夫·斯托贝尔，是位百岁老人。两个人经常在一起交流，很快便成了忘年交。

施韦泽一旦开始读一本书，便不能停止，一定会从头到尾地浏览一遍，有时甚至要通宵读完。尤其是遇到喜欢的书，施韦泽还会连续读上几遍。

叔祖母则很不喜欢他的这种阅读方式，还采用过很多办法试图让施韦泽的阅读方式有所改变，但是似乎没有什么作用。施韦泽则不太介意这种阅读方式，他认为，如果一个人在阅读时跳过许多句子或整整一个段落，那么只能说明作者的风格不怎么优秀。

叔祖母也是一个酷爱读书的人，不过由于是教师的缘故，她总是以欣赏作品的角度看书。每天她也要阅读3个小时，晚餐前一个小时，晚餐后两个小时，通常还同时做着针织等活计，当看到特别精彩的部分，就会不自觉地放慢手中的活儿。但是不管有多么喜欢这本书，只要到了晚上十点半，她就会停止阅读。

至于看报，叔祖母是一直不太赞同的，尽管只在饭前的15分钟。因为这个时间施韦泽必须为晚餐腾出桌子。《斯特拉斯堡邮报》、《米尔豪森日报》、《新米尔豪森报》这三份报纸是施韦泽常要翻阅的报纸。

叔祖母总是怀疑施韦泽，只看报纸副刊的小说，所以才会反对。但是施韦泽多次向叔祖母表示，看报是因为对政治感兴趣。于是乎，就得叔祖父来做决定。晚餐时，叔祖父说："就让我来检测一下，这个小孩是不是真的在看政治。"

于是一场家庭考试便开始了：是谁统治着巴尔干；最近一届法国政府的组成……施韦泽吃着土豆与色拉的同时，出色地完成了这次考试。于是，施韦泽不仅在餐前被允许看报，而且做完作业以后，也可以看看报纸。虽然表明了是对政治问题感兴趣，但是施韦泽也会偶尔偷个小懒，看看副刊的小说。

自从那次家庭考试之后，叔祖父便把施韦泽当成一个小大人来看待，开始在就餐时与他讨论和政治相关的问题。

# 3. 成为优秀的学生

到普通中学就读后不久，施韦泽就面临一次退学风波。一天，校长约施韦泽的父亲前来面谈。校长对施韦泽的父亲说："他的成绩实在是太差了，这样下去怎么能行呢，公费一定是要取消的，这样倒不如退学。"

父亲当时一定伤心极了，但他并没有指责施韦泽，可能是身为牧师的他太善良了吧。在父亲的极力争取之下，施韦泽才得以继续在学校读书。

圣诞节时，施韦泽拿着一张特别糟糕的成绩单回到了家里，以至于施韦泽的母亲在圣诞节期间，都是眼含泪水度过的。但是施韦泽并没有觉得怎么样，因为从小开始他就是不喜欢读书的，胡思乱想倒是很在行。在职业中学时，倒没觉得很差，可是到了普通中学后，便显得很平庸。其实，原因也不是完全在他，在乡下小学和职业中学读书时，并没有使他养成良好的读书习惯。另外，职业中学是没有拉丁文和希腊文的，只是在决定要上普通中学后才临时补习一些基础。

正在大家为施韦泽的成绩感到茫然的时候，事情出现了转机。学校里新来了一位老师，他叫威曼，是位博士。他与其他的老师是有所不同的，他在上每节课之前都会认真仔细地备课，精确地掌握着每节课要讲多少知识，什么时间让大家练习，并保证在下课时，刚好结束一切内容的教授。他批改学生作业也特别地用心，作业本发下来也总是很准时。威曼老师的严于律己的形象深深地影响了施韦泽。

施韦泽把他当成榜样，开始努力学习。由于圣诞节的成绩单很让母亲失望，三个月后的复活节回家时，母亲已经不对施韦泽抱什么希望了。所以当施韦泽拿出比较理想的成绩单时，着实让母亲高兴了一阵子。

施韦泽看见母亲高兴的样子，更加感激威曼老师了，后来，威曼老师离开了米尔豪森，调往外地任教。只要施韦泽有时间，就一定会去拜访这位以身作则，令他改变，同时也是他最尊敬的老师。以至于后来，施韦泽到了非洲，还时常记挂着这位恩师。第一次世界大战结束后，施韦泽从非洲返回，第一个想去看望的就是威曼老师。但是，施韦泽并没有如愿看到威曼老师。辗转打听之下，施韦泽才知道，威曼老师一直过着贫穷的生活，后来由于饥饿引起的神经系统疾病而自杀了。这令施韦泽伤心了好一阵子。

在威曼老师的影响下，施韦泽开始向好学生的行列发展。他除了在音乐上有极好的天赋外，历史知识方面还算得上不错。可能与平时喜欢看历史方面的书有些关系，而且教授施韦泽历史课的老师考夫曼，也是这个领域中一个重要的研究者，施韦泽的历史课可以不需要很用功，就能取得很好的成绩。在更高年级时，历史老师已经不单单把他当作一名学生，更多的时候，他们像朋友一样交谈。在施韦泽毕业之后，他们也一直保持着联系，直到考夫曼老师去世。

除了历史之外，施韦泽还特别喜欢自然科学课。但是自然科学的课本和讲授自然科学的老师令施韦泽很不满意，因为他们无法满足求知欲甚浓的施韦泽。更加让施韦泽感到遗憾的是，在普通中学，自然科学课的分量是很轻的，这让施韦泽觉得自己没有发挥的余地。

数学和语言方面，对于施韦泽来说是最薄弱的，必须下苦功才能改变。后来，威廉·德克的到来使施韦泽有了很大转变，并使他喜欢上了语言学。威廉·德克是一个非常了不起的教育家、考古学家，非常擅长古希腊文。他是诗人盖贝尔和历史学家英姆森的朋友，因此他的威望非常高。他是吕贝克人，比较古板，由于为人耿直、不拘小节而惹恼了一位德国的高官，所以才会被派遣到米尔豪森的普通中学当校长。很多人都觉得这是对他的一种流放，替他打抱不平。

施韦泽和同学们起初觉得新校长是神秘的。可是不久之后，同学们便适应了新校长，并且喜欢上了校长的拉丁文和希腊文课程。但是，令施韦泽印象最为深刻的却是威廉·德克校长的柏拉图课。威廉·德克校长不仅教授学生们知识，他还教授学生们怎样做人。在老师的影响下，施韦泽开始用功读书，并产生了征服困难学科的欲望。因此，施韦泽很快便成了班级里的优秀学生。

在施韦泽从米尔豪森普通中学毕业后不久，人们正要给予威廉·德克校长公正的待遇，但是他却再也没有感受到这一切，因为胃癌，这位伟大的校长去世了。

# 4. 争辩癖与坚信礼

就像所有的青少年一样，施韦泽也迎来了他的青春过渡时期，内向、羞怯的施韦泽开始变得异常的好斗甚至令人厌烦。

无论遇到什么人在谈论事情，施韦泽总是要提出自己的观点，对于日常闲谈来说，这实在是让人厌烦。施韦泽每次参与讨论，必定要打破砂锅问到底，原本内向的施韦泽现在却成了谈话的干扰者。叔祖母对此感到特别恼火，经常责备他狂妄、毫无教养。因为施韦泽不把他们当作长辈，就像在跟同龄人争论一样。但是施韦泽的父亲却可以容忍大部分情况。只有在带着施韦泽外出的时候，父亲才会叮嘱施韦泽："不要由于愚蠢的谈话而使人扫兴。"

尽管父亲一再告诫，可是事情依旧照样发生。开始施韦泽还能压抑着自己，不参加争论，但只要有人说出不合理的事，哪怕是只言片语，施韦泽就再也无法按捺住自己了，一定要与对方展开一场辩论，他不考虑对方是谁，也不在乎别人是否高兴，搬出许多道理来攻击对方。因为施韦泽的争辩癖，父亲经常感到难堪，同样也使大家经常感到不愉快。

但是在施韦泽看来，这种争辩癖不是一时的怪癖或是青春发育的结果，这是外祖父西林格尔的启蒙精神唤醒了他。人类要想进步，唯有通过理性取代各方舆论与盲从才能得以实现。这就导致了施韦泽在与别人激烈的争论时，令人不愉快的情形经常出现。

施韦泽在《我的青少年时代》里，曾用阿尔萨斯当地的生后来比喻他的争辩癖。在令人不悦的发酵过程后，葡萄酒终于酿成了。施韦泽清楚地意识到，如果他放弃了对真理和目标的追求，那么他就相当于放弃了自己。还好，施韦泽天生的内向，帮助了他保持对别人有礼貌，尽量不让别人感到难堪。

施韦泽也努力地让自己参加一些平常的谈论，抑制自己对那些没有意义的、没有思想的谈话只进行倾听，不参与争辩或表示反对。时间久了，施韦泽的内心开始感到痛惜，大家在一起没有好好地谈论事情，时间竟被如此地虚度。施韦泽甚至经常自问，要怎样才能使人们既能用良好教养谈话，又能不伤害到真理。

施韦泽也是怀着这样的信念走向坚信礼。因为施韦泽的争辩癖，让他在坚信礼时遇到了麻烦。

新教教会非常在乎坚信礼，它标志着青年人已完全能自觉地思考问题。在基督教国家，孩子出生后，首先要到教堂接受洗礼，然后按照规定上教堂接受基督教的教育，之后要接受坚信礼的考验。看这个孩子在成人之前，他懂得了多少教义，是否有合乎教义的想法。考验通常是由牧师主持的，非常严格。一旦通不过，他就会被认为是一个没有独立人格的人。

施韦泽要在文纳格尔那里上坚信礼课。那是一位让施韦泽十分敬畏的老牧师，以至于在他面前，施韦泽不能完全地敞开自己的心扉。一些使施韦泽感到困惑的问题，文纳格尔在授课时并没有做出很好的回答，施韦泽想向他提出一些问题，但是人们并不允许他那么做。施韦泽明白自己的想法跟文纳格尔牧师的想法有很大区别。文纳格尔牧师要求大家在信仰面前停止一切思考，但是施韦泽却觉得，基督教基本思想的真理恰恰是在思考中得到证实的，因此，人们必须思考，通过思考才能理解一切。施韦泽忍不住了，就向老牧师提出了他的各种疑问，但是都遭到了否定。这使施韦泽感到失望，便不想再与老牧师交谈。

在上坚信礼的最后几周，文纳格尔牧师会在课后留下几个学生，单独谈谈坚信礼的问题。轮到施韦泽时，老牧师想通过一个很全面的问题了解施韦泽是带着什么样的思想来面对这神圣的时刻的。由于思想不一致，施韦泽很难让老牧师走进自己的心里，于是他吞吞吐吐，甚至不能回答问题，谈话就在这种让人不悦的气氛中结束。

文纳格尔牧师甚至对叔祖母说，施韦泽一点不在乎坚信礼。事实上，坚信礼对于施韦泽来说是一件重大的事情，他一直都在为这个庄严而神圣的时刻兴奋着。

施韦泽的争辩癖可能是因为青春的叛逆，但更多的却是，他想寻求一种真理。渐渐地施韦泽管住了自己的争辩癖。坚信礼也过了，马上就要迎接普通中学的毕业考试，现在施韦泽的精神就像经过发酵的葡萄酒一般，变得清澈。原本内向的施韦泽又回来了，他又成了一个能倾听别人谈话，文质彬彬的青年。

# 5. 跌跌撞撞的毕业考试

1893年，18岁的施韦泽就要从普通中学毕业了，这也意味着施韦泽就要从严厉的叔祖父家搬出来了，这让他感到十分的高兴，而且大学的生活也令施韦泽感到新鲜、兴奋。因此，他产生了一个大胆的想法，要同时学习神学、哲学与音乐。虽然要花费大量的时间，但是只要付出努力一定会行的，施韦泽这样告诉自己。

但是，在实现这个目标之前，还是要先考虑一下普通中学的毕业考试。不过，毕业考试的成绩似乎不如大家所期待的那样好，不是因为施韦泽的学习不够好，而是因为他那天的穿着。

施韦泽有一件黑色的男式大礼服，这样他就可以穿着很正式的衣服参加毕业考试。那是施韦泽母亲的一位远方亲戚留下来的，美中不足的是没有留下黑色的裤子。为了节约，施韦泽不想做一条新裤子，他只好向叔祖父暂时借用一条裤子。可是叔祖父的身材相对于个子高挑的施韦泽来说，略显得有些矮小，但却胖了很多。当时施韦泽觉得只是参加一次毕业考试，对付一下应该没什么问题。

以为可以敷衍一下，所以事先没有试穿，这成为施韦泽毕业考试失利的直接原因。到了考试那天早上，临出门时，施韦泽才拿出来穿上。这条裤子的腰围实在是太大了，而且裤腿又太短了，即便是用绳子加长了吊带，裤腿也只能勉强盖住小腿，实在是太不合身了。由于把裤子放低了，上衣与裤子之间有了缝隙，露出一大截白衬衣，实在不好看。时间已经不允许他再去想办法补救，施韦泽只好就这样硬着头皮去了学校。

结果正如施韦泽预料的一样，同学们一看到施韦泽的样子，便开始捧腹大笑，甚至笑得前仰后合。大家一会儿让施韦泽向这边转，一会儿让他向那边转，不停地取笑他。当考试委员会的成员看到施韦泽时，也忍不住要笑出声来。但是，来自斯特拉斯堡的阿尔西雷希特高级学监看到这种状况则很不满意，他担任这次考试委员会的主席。由于大家控制不住笑声，考场严肃的气氛因此被破坏，而这一切的罪魁祸首就是施韦泽。他认定施韦泽是故意来捣乱的，便想教训一下他。阿尔西雷希特决定除了自己不熟悉的数学以外，其余科目均由他亲自监考。

他严厉地对待施韦泽的回答，尽管威廉·德克校长以友好的目光鼓励施韦泽，告诉他回答得不错，但是在一些问题上，施韦泽还是无法应对阿尔西雷希特这位严厉的考官，只看到他频频摇头。

使阿尔西雷希特非常生气的是，施韦泽不能按照荷马所描述的那样向他详细地说明"船舱"的情况。当其他考生在此处也不比施韦泽好多少时，他指责到，这是一种不可饶恕的教养的缺乏。但是施韦泽认为，当他们顺利地离开普通中学时，仍对天文学和地质学一无所知，这才是最严重的缺乏教养。

可是如果照这样发展下去，施韦泽能不能毕业，很有疑问。还好这种让人窒息的气氛，到了最后竟一下子得到了缓和。

考试的最后一科是历史。阿尔西雷希特最擅长的就是历史，这是他的专业。同时，这也是施韦泽最感兴趣的专业。才过了10分钟左右，情形发生了180度的转变，阿尔西雷希特像是变了一个人一样，怒气全无，甚至有些兴奋。他几乎忘了身为主考官，竟然把施韦泽当成了对手，他不再考施韦泽了，而是与施韦泽兴奋地议论起希腊人与罗马人殖民活动的区别。

考试结束了，阿尔西雷希特在发表成绩并讲评时，特别提到了他与施韦泽在历史的谈论中感到快乐，更是把施韦泽的历史知识称赞了一番。这样一来，仅凭这一科就足以弥补其他功课成绩欠佳。结果，让施韦泽感到有些满意，在其他成绩一般的毕业证书上特意注明，历史：优。

跌跌撞撞的毕业考试终于圆满结束了，大学的校门已对施韦泽敞开。

第三章　博学天才

# 1. 音乐家的第一位老师

施韦泽在很小的时候，就显现出了在音乐方面过人的天赋。虽然有天赋，也曾努力地练习过，但是这种学习多半是零散的，因为没有正式的老师。在这种情形下，无论是怎样的天才也很难成为一个音乐家。

不过，天才是很难被埋没的。从施韦泽在米尔豪森的中学时代，到斯特拉斯堡读大学时，他遇到了两位改变他命运的老师，以至于他后来可以成为音乐家。

第一位老师便是尤金·孟许老师。

他是米尔豪森的圣史蒂芬教堂里一位年轻的风琴手，刚刚从柏林的高级音乐学院毕业，当时的柏林正吹着一股巴赫风，尤金·孟许也特别喜欢这位伟大的音乐家。

正是在尤金·孟许老师的指导下，施韦泽跟音乐家巴赫有了第一次邂逅，之后便一发不可收拾地喜欢上了巴赫。后来写成的《巴赫论》更是影响后世的优秀作品。在乐坛上有一种流传甚广的说法："没有读过施韦泽《巴赫论》的人，就无法成为巴赫音乐成功的演奏者。"

万事开头难，施韦泽与尤金·孟许在最初接触时，并不是那么顺利的。施韦泽在叔祖母家练习音乐时，通常是弹些即兴曲，很少有正规的学习，而且施韦泽为人比较腼腆，因此很难在老师面前尽情发挥，每次演奏，总让老师觉得技巧不够娴熟，缺乏感情。

尤金·孟许总是发出这样的感慨："施韦泽，真是叫我头痛啊！"

即便是莫扎特、肖邦的曲子，或是千古名曲，到了施韦泽手里，也都变得平淡无味。一天，尤金·孟许像往常一样，把门德尔松的"无言之歌"E大调放在施韦泽的面前，并说："今天你就弹这个吧。说实话，你还不够资格弹这么美妙的曲子。没有感情的人，也很难赋予感情。你一定会把这首曲子弹得面目全非、一塌糊涂的。"

施韦泽知道老师内心的悲哀，便下决心，让老师看看自己也是有感情的人。施韦泽开始拼命练习这首曲子。终于到了下次上课的时间，一个礼拜的努力没有白费，施韦泽用尽自己的感情来弹奏这首曲子。

尤金·孟许在一旁默默地倾听，弹奏完毕后，用手拍了拍施韦泽的肩膀，以示肯定，同时还为施韦泽另外弹奏了一首更加美妙的无词曲。

从那以后，施韦泽就成了尤金·孟许最喜欢的学生，开始指导他学习贝多芬、巴赫。孟许答应施韦泽，在坚信礼过后就教他管风琴。在孟许老师的悉心指导下，施韦泽开始学习用有三段琴键的巨型管风琴来演奏巴赫的作品。学习这种管风琴，正是施韦泽多年来最大的愿望，因此他感到非常高兴与幸福。

在老师的精心指导下，施韦泽进步飞速，到了第二年，他就可以代替老师在礼拜中担任司琴一职了，后来，他又被安排在老师亲自指挥的合唱团表演布拉姆斯的《安魂曲》时以管风琴来伴奏。在管弦乐队与合唱的音乐交响成一片时，施韦泽演奏的管风琴庄重、美妙地响着。

幸福的时光是那样的短暂，1889年的一天，一个不幸的消息传来了，正值盛年的尤金·孟许因伤寒逝世了。为了纪念恩师，施韦泽用法语写出了关于尤金·孟许生前的种种事迹，并印成一本小册子，向社会公开，使人们了解孟许。这也是施韦泽生平的第一本著作。

就在尤金·孟许逝世后，米尔豪森的圣史蒂芬教堂里的古老管风琴被改为了现代化的风琴，虽然琴声被放大了许多，但是它无法演奏出原来那种美妙的音色。在当时的一种风尚影响下，人们正在不可理喻地让古老而美妙的风琴，一架一架地消失。

为此，施韦泽感到十分悲伤，这实在是暴殄天物。出于此种想法，施韦泽有了拯救那些未被摧毁的老式管风琴的想法，这之后，他也花了不少的时间与精力，研究管风琴的制作法。

# 2. 用音乐感动名师

施韦泽的音乐之路，可以说是由尤金·孟许开启的，而把他推上音乐顶峰的，则是施韦泽的第二位老师——夏尔·马立·魏多。

在当时，魏多可以称得上是管风琴的泰斗。施韦泽第一次见到这位老师时，是在他普通中学毕业的那一年暑假，同时也是在他进入斯特拉斯堡大学之前。在巴黎经商的一位伯父奥古斯特·施韦泽，他的家境很好，奥古斯特伯父邀请施韦泽去巴黎游玩。伯母马蒂尔德已约好了魏多，请他听听施韦泽的弹奏，并请他为施韦泽指点管风琴。

但当时的魏多根本就没有见施韦泽的打算，于是找借口说，只教巴黎音乐学院管风琴班的学生，便拒绝了施韦泽的求教。

这次施韦泽没有退缩，他拼命地恳求魏多听听他的演奏，只要一次就好。

无奈之下魏多只好答应了施韦泽的请求，并冷冷地问了一句："你想演奏什么？"

施韦泽充满自信，高兴地回答道："当然是巴赫！"

苦求了这么长时间，终于得到了允许，施韦泽心想一定要抓住这次时机，因为不会再有第二个尤金·孟许老师可以耐心地等他发挥实力。尤金·孟许的教导，果然起到了作用。施韦泽的精彩演奏，让魏多为之惊讶，魏多不但答应了要收他当学生，还免去了他的学费。这足以看出魏多是多么欣赏这位学生。

从此之后，施韦泽开始正式接受魏多老师的教导，即便是在大学毕业当上一名大学讲师以后，只要休假，施韦泽一定会前往巴黎受教。

魏多老师不仅提高了施韦泽的演奏技术，还指导了他在弹奏时的立体感，这给了作为音乐家的施韦泽决定性的影响，逐步奠定了施韦泽在音乐方面的成就。同时，在魏多老师的引导下，在世界之都巴黎，施韦泽认识了不少在文化、艺术方面有诸多成就的名家，这使施韦泽受益匪浅。

在大学里，他要学习哲学与神学的课程，不论遇到什么困难，都不能使现在的施韦泽退缩，他已经到了废寝忘食的地步。好不容易有了休息的时间，他还要急忙赶到巴黎，去魏多老师那里学习弹奏管风琴。时间的匆忙、家境的窘困，使得施韦泽常常用一片面包与一杯白开水来打发自己的一餐。

即便是年轻、健康的身体，也无法承受这样强度的工作。有时施韦泽会感到心神恍惚，虽然还在努力地练习弹琴，但是生硬的弹奏是无法令严格的老师感到满意的。因此，魏多总是埋怨施韦泽："你这样随便的弹法，是不会有作用的，你现在的音乐是死的。难道你以为可以骗过我吗？不然，你死了这条心吧，还是放弃管风琴吧。要不，你就放弃你的哲学或是神学，反正那些对于一个音乐家也是无用的。"

虽然这样说，但是魏多是理解施韦泽的，想必这个年轻人一定是在拼命地用功，不惜牺牲自己的休息时间来练习管风琴，也一定没有好好地吃过饭。一想到这些，魏多便没有办法继续上课，于是匆匆结束了课程，拉着施韦泽到卢森堡公园附近的一家高级餐厅，让他饱饱地吃上一顿，看他狼吞虎咽的样子，魏多只是在一旁微微地笑着。

施韦泽虽然是魏多的学生，但有时也会为魏多解开一些疑问，让魏多也有受益匪浅的感受。之前，魏多常常为巴赫的圣歌里有些旋律没有办法解释而感到烦恼，施韦泽便建议他去研究圣歌的歌词原本，魏多便让施韦泽为自己说明那些德文，使困扰魏多的问题得以一一解答，并且对巴赫的伟大也有了全新的理解。

也正因为如此，魏多越来越喜欢这位学生，全心全意地教导他。

就这样，师徒二人互相指点，互相学习，一起更加深入地了解巴赫的作品。施韦泽的《巴赫论》也是在魏多的要求之下完成的作品。

除了研究巴赫以外，瓦格纳的音乐也是施韦泽非常喜欢的，在施韦泽16岁时，他第一次进入了歌剧院，欣赏了瓦格纳的歌剧《唐怀瑟》。此剧在心灵上给了施韦泽很大的震撼，以至于之后的一周时间，他都无法专心上课。之后，只要斯特拉斯堡有瓦格纳的歌剧，他都不会放过，可以说瓦格纳的所有作品施韦泽都聆听过。

1896年在拜罗特举行《尼布龙根的指环》四部曲——《莱茵的黄金》、《华居勒》、《齐格菲》、《诸神的黄昏》纪念公演时，虽然有朋友给他寄来了门票，但是当时的施韦泽连车票都买不起，为了不错过这个千载难逢一饱耳福的机会，施韦泽便把三餐减至一餐，终于攒够了车票钱。事实证明，施韦泽的艰辛没有白费，这次公演给了施韦泽一生不可磨灭的印象。在简朴中洋溢着庄重的气氛，非常能表现出瓦格纳的精神。

除此之外，尽管施韦泽已经很疲累了，但是他似乎没有丝毫想要放松的想法，除了向魏多求教以外，还拜了当时赫赫有名的玛丽·吉尔·杜劳特曼学习钢琴。杜劳特曼是一代钢琴大师法兰兹·李斯特的入室弟子。当时她已经退出了乐坛，正在潜心研究手指接触琴键的情形。施韦泽跟着这位天才女性学习了这种手指接触的方法，这对他管风琴的演奏产生了极大的影响。

同时，在斯特拉斯堡的圣威廉教堂担任司琴工作的尤金·孟许的哥哥艾隆斯特，对施韦泽的管风琴演奏技巧以及巴赫的研究也提供了非常大的帮助。他是巴赫的大合唱作品的杰出专家之一。

尽管施韦泽是一位天才的音乐家，竟也要走过这样艰辛坎坷的寻求音乐的道路。

# 3. 斯特拉斯堡大学

施韦泽在普通中学毕业的时候，就下定决心要同时学习哲学与神学。1893年10月，他进入斯特拉斯堡大学，在哲学系与神学系同时注3册。

斯特拉斯堡大学是一所有着悠久历史的学校，始建于16世纪。歌德也曾就读于这所学校。但是当时的斯特拉斯堡大学，却充满着年轻的活力。长久以来受法国统治的阿尔萨斯，在普法战争之后，再次回到德国，进行了广泛的改革后，这里没有刻板的传统，只有燃烧着的新时代的理想。学生在这里可以获得最大限度的自由，可以不用担心强制性的规章制度、不间断的期中测试等等，这一切对于施韦泽来说再适合不过了。

学校里还有很多知名教授，如研究《圣经》的权威学者海因里希·尤里乌斯·霍尔兹曼、哲学家威廉·文德尔班和特奥巴尔德·茨格勒。还有著名的柏林历史学家哈利·布雷斯劳，他曾担任斯特拉斯堡大学的校长。

施韦泽被安排住在圣托玛斯教堂的学生宿舍。施韦泽曾感慨地说："我的斯特拉斯堡大学时代过得太快了。"

施韦泽之所以会觉得5年的大学时光过得如此快，是因为他始终让自己处于忙碌紧张但却快乐的状态。施韦泽要学习神学、哲学，除此之外，音乐的课程也要一并收入囊中，同时，还不忘与朋友们郊游、不拘于形式地谈论世事……

第一学期，施韦泽主要学习神学——海因里希·尤里乌斯·霍尔兹曼教授关于《新约》的前三个福音（马太、马可、路加福音）的课程。霍尔兹曼教授的讲授深深地激荡在施韦泽的心里。之后，施韦泽便一发不可收拾地开始以历史科学的角度，来检查自己从小就熟悉的宗教典籍，检验那些通常认为不该用思想，而要用信仰来对待的典籍。

施韦泽强烈的求知欲，让他深入到各个课程的研究中去。让他感觉比较困难的还是语言类的课程，他最吃力的是希伯来语课，拉丁语虽然比较难，但施韦泽还是拿下了这个难题。在普通中学时，施韦泽曾学习过拉丁语和希腊语，希伯来语只学了一点，可是既然要研究耶稣和福音书，希伯来语是不可缺的，因为这些书都是用希伯来语写成的。由于施韦泽的刻苦努力，使得他没用多久就通过了希伯来语的初级考试。

此外，文德尔班和茨格勒的哲学课，也是施韦泽必定要参加的。文德尔班主张哲学研究要严格区分自然和社会两种不同的领域，着重探讨意志和价值的问题，并且认为个人与群众之间的争斗应该是近代历史的关键。这对施韦泽来说多少有些影响。

从第二年的4月份起，施韦泽就要按照德国的法律，以一个志愿兵身份入伍，为期一年。当时的军队管理极其严格，根本没有时间读书。但是整个夏季，施韦泽仍在坚持读霍尔兹曼教授的评论，他有效地利用每一分钟，甚至牺牲晚上休息时间。值得庆幸的是，克鲁尔上尉是个善解人意的人，他尽可能让施韦泽在上午11点到大学去听文德尔班的哲学讲授。

但是到了秋季，部队要进行大规模演习，一连几天行军或是从事战斗训练，不要说读书，就连随身携带一本书都不大可能，更谈不上去学校听讲了。当时，施韦泽正想获得奖学金，这次演习确实给他带来了不小的困扰。由于家境贫穷，所以奖学金对施韦泽来说是十分必要的。

对于普通同学，要想获得奖学金必须参加三科考试，但是对于在军队里服兵役的学生，只参加一科就可以。这样一来虽然对施韦泽比较有益，但是这一科，也要阅读大量的图书，于是，施韦泽选择了有关福音书作者的课程。在夏季听了霍尔兹曼教授的评论课后，施韦泽又多次仔细阅读了古希腊文的三个福音书，他要检查一下自己从霍尔兹曼教授的评论课和演讲中学到了什么。他相信自己已经记住了教授所讲的知识，但好学的施韦泽还是有很多疑问没有弄清楚。

施韦泽不愿意因为演习而浪费掉大把的时间，他想方设法把书带去，可是背包已经被军中用品塞得满满的，没有地方可以放书。想贪多是不行的，把最基本最重要的一本带去，彻底研究是目前状态下最好的选择。想到这里，施韦泽决定，只拿一本希腊文的《新约》。

演习中的一个休息日，他在一个农家的草房里全心全意研究着《新约》。突然他发现《路加福音》、《马可福音》、《马太福音》三篇福音书的写法有很大的区别。对于这一点，施韦泽也曾听到过霍尔兹曼教授以及其他著名学者的学说，可是仍没有让他感到满意。

《马太福音》的第十章叙述，耶稣派12个使徒到以色列的各个城市去传播末日就要来到的消息。耶稣对他们说，不久后他们将会遭到残忍的迫害，耶稣还宣布，他们在尘世中再也不可能看到他了。这就说明了，弥赛亚的天国即将到来。施韦泽是相信的，因为世界末日的预言在犹太人中早就广为流传。但是，这些与霍尔兹曼的理论又是完全对立的，而且与一直影响施韦泽成长的自由主义神学也是完全对立的。为了追求真理，施韦泽陷入了矛盾之中。

耶稣宣告的世界末日并没有来临，信徒们又回到他的身边。这说明，耶稣预言的内容是有错误的。这究竟是怎么一回事？霍尔兹曼教授解释道："这不是耶稣说过的话，是后人在汇编《耶稣语录》中加进去的！"这实在令施韦泽难以信服。

施韦泽在神学研究上已经有了独特的见解，这为他在日后发表一项了不起的、使全世界都为之震惊的研究，开了一个好头。尽管施韦泽有很多疑问，但是他还是十分顺利地通过了霍尔兹曼教授的考试。在对服兵役而免考的两门课程的考试中，霍尔兹曼教授显得十分仁慈，他只和施韦泽讨论了20分钟，让施韦泽对三个福音书的内容做一下比较。这样一来，施韦泽的奖学金得到了很好的保证。

而对于自己的疑问和看法，施韦泽并没有机会表达出来。

当施韦泽对真理有自己的见解时，他会表现得十分勇敢、不退缩，但他明白学问的世界是严谨的。为了提出一个新的学说，必须要了解所有学者的学说与意见，大胆地剖析前人忽略的东西。

怀着这样的学习精神，施韦泽全身心地投入到了神学、哲学、巴赫等的研究当中。

# 4. 一个重要的决定

斯特拉斯堡大学的时光，对施韦泽来说显得十分充实。霍尔兹曼教授的讲义、文德尔班的大课、教授们的课程施韦泽一直都专心地听讲。没有繁琐的课业，倒是让施韦泽感到十分的庆幸，这样他就可以埋头于自己的研究。

在根斯巴赫的家，也有了很大程度的改变。离开了原来阴暗的老房子，住进了明亮宽敞的新房子，房子前面还有一个较大的布满鲜花的园子。施韦泽的父亲的身体也得到了改善，恢复了健康。施韦泽的母亲还从一个远房亲戚那继承了一笔小遗产。

放假了，施韦泽偶尔也会带朋友回家，母亲是十分欢迎他们的，并想尽各种办法来款待他们，此时的施韦泽在神学、音乐、哲学等领域内都取得了很大的进步。这时的施韦泽觉得自己是个特别幸福的人。

1896年圣灵降临节期间，施韦泽又回到了根斯巴赫。在一家和乐的氛围中，施韦泽放下疲惫，尽情地酣眠了一夜。清晨窗外叽叽喳喳的鸟儿唤醒了施韦泽，此时正值初夏，朝阳已透过玻璃窗洒进房间，清新的空气使他感到愉快。

还没有感受幸福很久，施韦泽就想到，只是为自己而活着的人，随着时光的流逝，也一定会失去生命。只有那些为别人奉献的人，才能得到永生。这是来自于前人的智慧。就在这天早上，施韦泽为自己的未来定了一个誓言。

施韦泽的青年时代是幸运的，但是来自他内心的压力是沉重的，施韦泽开始思考，是否可以把这种幸运当作理所应当。这是施韦泽从少年时就开始思考的问题。他时常把自己能享受到的幸福统统抛弃，加入到穷困、可怜的人群中，替他们分担痛苦。

想到这个充满罪恶的世界，施韦泽觉得已经无法忍受下去。但另一方面，研究神学、哲学，学习音乐还是让他感到十分高兴，不能割舍。该不该继续走下去？活着的意义又在哪里。施韦泽的内心是矛盾的，这两种想法都是他难以割舍的：一是放弃做一名学者、音乐家，献身于不幸的人们当中；另一个是献身于自己的天赋。可是要怎样才能做到不顾此失彼呢？

想到这些，施韦泽便觉得自己不再是最幸福的那一个。就在施韦泽21岁那年夏天的一个早晨，好像忽然得到神的启示般地明白了，自己没有权利把幸运的人生、健康的身体、天生的才能当作理所应当的事情接受下来，他对生命和自己的人生使命的看法有了新的决定。

圣灵降临节期间，一个放假在家的大学生，做出了他人生中一个最重要的决定。到30岁为止，30岁之前要献身于自己喜欢的传教、做学问以及音乐活动。不过在那以后，要献身于服务弱势群体当中！

如此一来，所有的迷茫一扫而光。在做这个决定时，施韦泽并不知道自己要以什么样的方式来服务于弱势群体，更不会预想到自己要前往非洲，为那里的野蛮之人带去福音。

不管怎样，施韦泽做出了这个重大的决定，对他来说，这比任何事都值得庆幸，终于不用再为自己的幸福而感到惭愧，也不必再为了选择献身于弱势群体，或者献身于学问与音乐而感到迷惑，施韦泽可以安下心来做自己想做的事。由于给自己定下了这个30岁的人生分水岭，所以勇气倍加。施韦泽在自己喜欢的领域，坚实稳定地前行着，丰富自己的知识，完善自己的技能。

# 5. 双料博士

1897年，花费了很长时间完成的国家统一命题的论文《施莱尔马赫的圣餐理论》，终于为施韦泽赢得了参加国家神学考试的许可。霍尔兹曼教授对施韦泽感到十分满意，尽管施韦泽所持的观点与他是相反的。斯特拉斯堡大学就是这么一所开明的学校。

1898年5月6日，施韦泽参加了第一次神学考试，并顺利通过了。在霍尔兹曼教授的推荐下，施韦泽获得了戈尔施奖学金。奖学金每年1200马克，一共6年。这为施韦泽一家减轻了不小的负担。

通过了神学考试之后，施韦泽把主要的精力放在了哲学上，施韦泽接受了蔡格勒教授的建议，选择康德宗教哲学作为博士论文的课题。

为了写好这篇博士论文，1898年10月底，施韦泽决定前往巴黎大学听哲学课，同时还可以在魏多老师那里继续学习管风琴。巴黎对年轻的施韦泽来说是非常具有吸引力的。但是，施韦泽没有忘记他来巴黎的主要任务。然而，巴黎大学和国家图书馆令施韦泽感到非常的失望。巴黎大学是古老的，教授们讲授的不是有关考试题目的东西，就是谈些特殊的东西，根本就满足不了施韦泽的求知欲。巴黎国家图书馆藏书是很多，但是限制也很多，借书手续烦琐，想好好利用，却总是难以得心应手，甚至在多年之后，施韦泽还是强烈反对这座图书馆里的规章制度。

施韦泽一气之下决定，不再利用那些参考文献，直接阅读康德的原著。于是，施韦泽就在巴黎大学的小房间里开始一字一句地钻研。不久之后，施韦泽就有了关于康德宗教哲学观念发展史的独特见解，并写成了长篇博士论文《康德的宗教哲学——从<纯粹理性批判>到<纯粹理性界限内的宗教>》。

施韦泽只要专心研究起来，便是整夜不眠，执着地直到天明。时间一到，他还要赶到魏多老师那里弹奏管风琴。所以精神恍惚时常发生，这令魏多十分不满，经常责备他，但更多的还是因为他爱惜这个人才。

1899年3月，施韦泽带着在巴黎写成的325页的博士论文，回到了斯特拉斯堡，把论文交给了蔡格勒教授。一切都是如此地顺利，蔡格勒教授对这个聪明、有理想、有抱负、肯研究的年轻人感到非常满意。蔡格勒教授告诉施韦泽7月底将进行答辩。答辩之前还有几个月的时间，施韦泽决定到柏林。

施韦泽喜欢柏林，也喜欢柏林大学的哲学讲演课。在柏林，人们可以自由地谈论生与死、哲学、神学、活着的使命等等。在柏林图书馆，施韦泽阅读近代和古代哲学家的著作。在柏林大学听各位哲学大家的大课，还参加了格奥尔格·齐美尔的讨论课，当时的齐美尔在哲学家当中声望甚高，被公认为德国现代社会学的创始人之一。在那里，施韦泽还结识了著名的神学家哈纳克。在斯特拉斯堡时，施韦泽就很喜欢读哈纳克写的《教义史》。之后，他们还保持了很长时间的联系。

魏多为施韦泽写了一封推荐信给海因里希·赖曼教授，他是威廉皇家纪念教堂的管风琴师。赖曼教授不仅允许施韦泽弹奏他的管风琴，还让施韦泽在他外出度假的时候接替他的工作。但是柏林的管风琴师却让施韦泽感到非常的失望，而且柏林的新管风琴的音色比较低沉和单调。赖曼教授还介绍了很多音乐家与艺术家给施韦泽，柏林的社交界并不像巴黎的那样难以进入。

施韦泽的柏林之行，令他最为受益的是在柯蒂乌斯家里的聚会。在科尔马时，施韦泽结识了弗里德里希·柯蒂乌斯，他是著名的古希腊语言和文化研究者，也是德国皇帝弗里德里希三世的老师恩斯特·柯蒂乌斯遗孀的继子。在柯蒂乌斯家里，施韦泽受到了热情的接待。在当时的柏林，有很多文化精英经常到柯蒂乌斯家里聚会。在这里他认识了著名的艺术史家赫尔曼·格林。在与他的谈论中，施韦泽有了一个新的想法，他要写一本关于文化衰落的书，并把书名定为格林说过的一句话——《我们模仿着》。

施韦泽带着这个想法离开了柏林，回到斯特拉斯堡参加哲学博士论文的答辩。对施韦泽的论文感到满意的蔡格勒教授和文德尔班教授，对他的口头答辩感到失望。因为，施韦泽不太重视教科书，他看重的是研究原著，所以不太熟悉那些观点、批判者……

不过，答辩还是顺利通过了，1899年8月2日，施韦泽获得了哲学博士的学位。不久之后，施韦泽就决定要尽快获得神学博士学位，因此，他开始抓紧写作神学博士论文。

蔡格勒教授建议施韦泽申请担任哲学系的编外讲师，前提是他不能既是哲学讲师，又是一个布道者。但是施韦泽更喜欢在每个星期天站在讲台上，向人们解释人生的真谛，这才是更重要的工作，因此，他谢绝了蔡格勒教授的好意。现在施韦泽要忙着撰写神学博士论文，除此之外，他还要为申请斯特拉斯堡新教神学系授课资格而写一篇论文。

由于施韦泽把主要的精力都放在了神学博士论文上，忽略了神学专业知识，所以在1900年7月15日，施韦泽只是勉强地通过了第二次神学考试。

施韦泽不能很好地回答出有关宗教歌曲的提问，甚至连一首受人欢迎的教会歌曲的作者姓名都不能回答出来，情况十分严重，为了改善当时的状况，施韦泽还说了一句托词："我认为记住这首歌曲的作者是谁，并不是很重要。"他的这种解释使得情况不仅没有得到改善，反而变得更加糟糕，因为那首歌的作者正是主持考试的其中一人——弗里德里希·斯比塔教授的父亲，著名的诗人斯比塔。幸好在主持考试的牧师当中，有一位叫维尔的牧师特别欣赏施韦泽，他向考试委员会的其他成员一再表示，应该让这位有才华的年轻人通过考试。在维尔的帮助下，这场考试最终得以通过。

参加完第二次神学考试的第六天，施韦泽获得了神学博士的学位。他的论文标题是《19世纪学术研究和历史报道基础上的圣餐问题》，论文主要是阐述关于耶稣生平的一些问题。

就这样，年仅25岁的施韦泽拿到了哲学与神学的双博士学位。

第四章　转艺从医

# 1. 虔诚的牧师

1900年11月14日，施韦泽开始担任斯特拉斯堡圣尼克拉教堂的助理牧师。施韦泽主要负责主持星期天的儿童礼拜以及一些宗教课。儿童礼拜是为帮助那些孩子们准备坚信礼。除此之外，为了减轻两位年迈牧师的工作，他又主动承担起了下午的礼拜。不过，下午的礼拜只有少数非常虔诚的信徒参加，不会太累。

或许由于父亲是牧师的缘故，施韦泽也很喜欢牧师这份工作，更觉得牧师的工作有着非常深远的意义。他用满腔的热情投入到这项工作当中，即使每个月只领取到100马克的月俸，他也不会觉得有什么不妥。他习惯了过这种朴实的生活，在这里，工作时间比较充裕，业余时间他还可以研究学问、音乐，什么都可以兼顾。这正是施韦泽所向往的生活。

在例假期间，施韦泽总是代理两位年迈牧师的工作，而他们也非常愿意帮助施韦泽工作。这样一来，施韦泽就可以在春秋的假期里离开斯特拉斯堡。通常，施韦泽在春季的假期会去巴黎，在魏多那里学习管风琴，结交朋友，四处演讲；秋季的假期，施韦泽一定会回到根斯巴赫，花费大部分时间在家里写作。此时的施韦泽已经出版了多篇关于神学研究的论文。

在教堂的工作中，施韦泽最卖力的就是帮孩子们准备坚信礼。因为自己曾经在坚信礼上吃过苦头，所以他不想让孩子们再重蹈覆辙。每当看到某个孩子对待坚信礼表现得有些无所谓时，施韦泽就会想起文纳格尔牧师和曾经的自己。于是施韦泽就告诉自己，在一个孩子的内心深处其实有很多想法，只是他并不想让他人知道而已。在课堂上，施韦泽尽量让那些孩子敞开心扉，尽情地去遐想。

每周的三节课，施韦泽会尽量让孩子们在自由的氛围中上课，孩子们可以自由地进行发问与讨论。当时，人们为了保持信仰的纯洁，认为信仰和理性一定要分开。所以，如果有人按照自己的想法对《圣经》里的学问抱有怀疑的态度，那便是不可饶恕的事。文纳格尔牧师就是这样的人。

但是，施韦泽并不这样看，信仰和理想是不可能相互违背的。如果遇到发自理性的疑问就会产生动摇，那么这种信仰就是没有任何价值的。这一直是施韦泽坚守的信念。不过，施韦泽也明白，人生不可能是一帆风顺的，遇到不幸与矛盾时，信仰若没有经得起现实的考验，就会崩溃。所以，信仰必须是耐得住人生的悲惨与邪恶，并能给予人们慰藉与鼓励，使人们感受到人生是有意义的。只有这样的信仰，我们才能坚守一生。

施韦泽对孩子们提出来的各种疑惑与问题都非常欢迎。他相信，信仰也一定要从多方面来检讨，才能让它在任何困难面前都无所畏惧，而唯有这样的信仰才是人们不可或缺的。

不过，施韦泽也深深知道，只有在青年时代为心灵雕刻下美妙语言，才有可能成为人类一生的支撑。所以，他在为孩子们上的每堂坚信礼课的临下课十分钟，都要陪孩子们反复地诵读《圣经》里的词句，并尽可能地让他们背诵下来。

这种教育方式，到了后来被证实是正确的。第一次世界大战时，很多人对基督教信仰产生了怀疑，并选择离它而去，走向战场。在战壕里度过了几年的岁月后，当他们回到家乡，去拜访施韦泽时说："您把我们的基督教信仰，锻炼成经得起一切理性的怀疑，以至于我们在那种悲惨的战地生活中，还可以免于绝望。

因此，我们才没有丢失信仰，丢失对存在于我心里的美丽事物的信心。"

　　和孩子们在一起的时光，总是很快乐，施韦泽喜欢这些孩子。坚信礼的课程要上两年，施韦泽准备好好利用这一课程，让孩子们拥有一颗更加纯净的心灵，就像歌德一样。

## 2. 发愤的青年

　　自从21岁时的圣灵降临节期间做了那个以30岁为分界的决定之后，施韦泽就开始专心研究学问与音乐，因此时间对他来说比什么都显得珍贵。他集中精力，不厌倦，全力以赴。除了偶尔去一趟巴黎以外，绝大部分时间都用在了专心研究学问与音乐上。

　　1901年，施韦泽出版了论文《弥赛亚的秘密和受难的秘密》。文中通过末世论，有力地阐释了耶稣的一生与教训，印成了约100页的书。这本论文很受霍尔兹曼教授的赏识。

　　霍尔兹曼教授推荐施韦泽担任斯特拉斯堡大学新教神学系的编外讲师。但是施韦泽并不是那么顺利通过任命的，因为有两个系学术委员会的成员不同意施韦泽的研究方法，而且担心学生们的思想会受到施韦泽的影响。在霍尔兹曼教授的权威影响和极力推荐下，1902年3月1日，施韦泽终于获得了在斯特拉斯堡新教神学系授课的资格。

　　1903年，神学院的舍监去世了，施韦泽临时担任这份工作，年俸也增到了2000马克，还有一间干净明亮的宿舍。施韦泽依然把学生时代起就使用的房间当作读书写作的书房，让自己保持之前做学生时的感觉，继续钻研。

施韦泽的生活并不是简单、平凡的，随着时间的流逝、知识的不断积累，他努力研究的成果开始逐渐显现出来。

在大学里，施韦泽主要讲《圣经》。对此，他倾尽全部心血来研究前人对耶稣生平的看法，并开始撰写《耶稣生平研究史》这本书。这是一本长达四百多页的巨著。此书大多是以施韦泽在那一次大演习中发现的疑难为基点出发的，结合之前的耶稣传研究，是进行总结的一本著作。《耶稣生平研究史》也成为日后施韦泽的代表作之一。直到1906年2月22日，施韦泽才完成这一研究。不久之后，这本书就公开出版了，当时的书名叫做《从赖马鲁斯到费雷德——耶稣生平研究史》，出版后引起了很大的反响。这本书的出版更巩固了作为一名学者的地位。

不过，由于施韦泽的想法过于大胆，所以持反对意见的人也大有人在。许多神学家认为，如果按照施韦泽的方式来论证耶稣的生平，那么就没有办法涉及耶稣的"全知"、"无错"。施韦泽却认为重要的不是耶稣的"全知"、"无错"，而是耶稣的伦理意志、信仰热情和英雄主义。

施韦泽既有坚定的信仰，又是一位非常尊重理性的哲学家。没过多久，他的观点占了上风。而《耶稣生平研究史》也被译成英文，从此他的名声便逐渐地传到世界的每个角落。

施韦泽在神学界的名声越来越大，但是并没有停下研究的脚步，而是在另外一个完全不相干的领域，又渐渐引起了人们的重视，那就是音乐。在研究耶稣的同时，施韦泽在魏多的要求之下，开始写关于巴赫的生平与音乐的书，最初的目的是让巴黎音乐学院的学生们初步了解巴赫。

虽然老师说是用来给学生们入门的书，可以不用太深奥，但是施韦泽与生俱来的对知识的求真性，不允许他匆匆忙忙、敷衍了事地对待这本书，更何况是他最喜欢的巴赫。

虽然，图书馆的巴赫著作不外借，但是，施韦泽通过斯特拉斯堡的一个音乐商了解到，在巴黎有一位夫人，她那里有一套46卷的《巴赫全集》。而且为了支持筹建巴赫协会的活动，她愿意出让给施韦泽，并且只是象征性地收取200马克，这件事让施韦泽感觉自己非常幸运。

施韦泽潜心研究巴赫，身旁的稿纸越堆越厚。两年的时间，在他潜心的研究中悄然而逝。在1905年，他终于撰写完成《巴赫》一书。这本书里包括了对巴赫作品的具体分析，对巴赫的三百余首音乐和乐器作品做了关于音乐方法和艺术科学方面的阐述，还对巴赫的特征做了细致地分析。此书出版以后，立刻引起了轰动，被公认为是当时研究巴赫的书籍中水平最高的一本著作。这本书的出版，让施韦泽名声远扬。

同年，巴赫协会成立。施韦泽与当时闻名世界的乐坛巨匠——他的老师魏多，一同成为巴赫协会的创办人。

法文版的《巴赫》是应魏多老师的要求写给法国学生的。但在巴赫的祖国——研究巴赫最进步的德国，一家出版社找到了施韦泽，请他把这本书译成德文版。施韦泽接受了这个请求。但是施韦泽并不是简单地把已有的法文版的《巴赫》翻译过来，而是从头开始，把原来的资料全部拿出来，重新整理。历经两年时间，德文版的《巴赫》终于出版。德文版的《巴赫》从原有法文版的《巴赫》的455页增加至844页，内容则更加翔实。

施韦泽按照自己预先的轨迹，努力地前行着。30岁前献身于学问与音乐，30岁后服务于弱势群体，一切都在顺利地进行着……

# 3. 老式风琴

开始深入研究巴赫时，施韦泽深感一定要同时研究老式管风琴。此时，新式管风琴已出现在现代化的工厂里，在音响的宏大与制作的技术上，的确有了很大的进步，但施韦泽觉得这种新式管风琴忽略了最重要的音色。新式管风琴在音色上远远不及老式风琴那么美妙动听。

施韦泽就像他的外公西林格尔一样喜欢到处考察管风琴。在观看了瓦格纳节的演出之后，施韦泽听说斯图加特的教堂装设了一架新的管风琴，而且被很多名家认为是机器技术的伟大成就，轰动一时，报纸也做了不小的报道。于是，他不惜绕了一大段路去斯图加特参观。教堂里的司琴也是一位著名的管风琴家，名字叫海因里希·朗格。朗格为了满足施韦泽的好奇心，还特地为了他弹奏了巴赫的名曲《赋格》。

施韦泽有些激动，手捂着胸口，尽情地聆听。朗格的手法的确非同凡响，音色的洪亮之处，也确实让人为之赞叹。就在施韦泽要被机械文明的进步而倾倒时，他听到自己经常弹奏的巴赫的《赋格》出现混音，突然察觉出这里面是有问题的。乐声是一件乐器的生命，偏偏这个接近于伟大的乐器，声色怎么可以是如此的空洞，甚至还有些僵硬？就音色而言，新式管风琴不但没有进步，反而倒退了很多。老式管风琴所发出的是一种深沉的美，而新式管风琴却丝毫没有，尤其是高音的部分，很难辨别出个别的音调，只是混乱地响成一团。

　　施韦泽清晰地听出了这个缺陷，为了更加严谨地证实，自此之后，只要有机会，他就尽可能地去各地考察、试听各种新式管风琴。结果正如施韦泽所猜想的那样，每个地方的新式管风琴都有相同的缺陷。施韦泽每到一处地方，只要碰到管风琴家或是管风琴发明专家，就会与他们探讨一番新式管风琴的问题。

　　施韦泽为此还写了一篇论文——《关于管风琴的演奏和建造》，发表在《音乐》杂志上。后来出版了单行本。书中阐述了管风琴的音质是由始终起作用的4个因素决定的，即声管、风柜、风压和管风琴在空间中的位置。老式管风琴的比例最合适，声管形式最好，采用的材料也是最好的。现在工厂里生产的新式管风琴，由于节约原材料，造成了声管直径小、管壁薄，材料也不是最好的，所以音色极其不理想。

　　老式的风柜虽然用起来不太舒服，但是价格很昂贵，它的声学条件和音色都比新式的风柜要好得多。而且在老式风柜上，风管可以发出更加圆润、柔和、完整的音色。老式风柜的缺陷在于它的输入风管的气压比较低，新式的电动送风器则可以任意控制风压，音量是因此得到了扩大，但是音质却被忽略了。

　　更可怕的是，换装新式管风琴已经成了一种潮流，老式管风琴开始慢慢地被毁掉，照这样下去，前辈们精心制造出来的无价之宝，用不了多久就会被毁灭干净，由那些只有美丽外表的机器所取代。

　　现在的施韦泽虽然身兼数职，已经非常疲惫，但只要一想到即将消失的老式管风琴，他就不能停歇。施韦泽决心要拯救老式管风琴，要尽自己最大的能力来修缮、保存老式管风琴。至于新式管风琴的制作，则不该全部交给那些商人，一定要完善音色的部分，要使它发出可以与老式管风琴相媲美的音色。

要实现这个目标，就应当制定管风琴制作的国际规范。于是，施韦泽开始为老式管风琴奔走在法国、荷兰等国之间。虽然他写了许多老式管风琴改造的设计书，但是世人只是势利地认为新式管风琴价格便宜，而且外表富丽堂皇，所以很少有人愿意听施韦泽的话。

对于这种情形，施韦泽感到非常痛心。不过，他不是一个轻言放弃的人，他要继续坚持下去。为保存美妙的管风琴而战，就等于是为真理而战。

功夫不负有心人。施韦泽的努力没有白费，1909年，国际音乐协会大会在维也纳召开时，施韦泽在会上做了一个《关于管风琴制作的国际规范》的报告。他的这项建议，在22年之后才得到国际性的认可，成为风琴制作规格的标准。此时的施韦泽早已置身非洲丛林，开始他服务弱势群体的事业。

多年之后，当年迈的施韦泽还可以在斯特拉斯堡的圣托玛斯教堂听到这种古老的管风琴发出的美妙琴声时，他觉得特别欣慰。

# 4. 寻找公益之路

在施韦泽制定了30岁的目标之后，在学习学问和音乐的同时，他也一直在思考，自己到底要用一种什么样的方式献身于服务弱势群体的活动中。30岁的生日越来越近，但是施韦泽还没有具体的想法，因此，在他心里多少有些不安。

他一直在寻找着这条公益之路。施韦泽还是一名学生的时候，他就曾参加过圣托玛斯神学宿舍的同学们组织的"圣托玛斯服务队"，每周访问贫穷家庭，送去援助者捐来的救济金，并撰写有关这工作的报告书。为了筹集更多救济金，他和同学们曾经探访过很多赞助者。

1903年，施韦泽当上了神学宿舍的舍监，有了一个干净、明亮、宽敞的房间。他不想浪费掉可以利用的资源，便想利用这房间收养几个孤儿。于是，他向附近的孤儿院与救济机构提出了申请。但是由于手续烦琐等各种原因，施韦泽的申请没有得到通过，这个计划最终未能实现。

施韦泽一直坚持不懈地寻找着为人们做些事的途径。照顾孤儿的方法行不通了，那就为无家可归的流浪者做些什么吧！圣托玛斯教堂的牧师们正在为流浪者和刑满释放无家可归者建造一所留宿处。施韦泽决定去帮助他们筹款，这是一件非常难办的差事。他必须去拜访那些知名或是不知名的人士，向他们说明这件事，并从他们那里募集到善款。这不但要花费很多的时间与精力，有时还会出现让施韦泽十分为难的状况。

之后还有更加艰难的任务在等待着施韦泽。要求留宿的人情况通常都很复杂，本来牧师本人应该掌握申请人的实际生活状况，但是，现在这个复杂的考察任务却交给了施韦泽。每天下午1点到2点，施韦泽需要访问那些申请留宿或急需救济的人，帮助他们解决实际困难。

一般牧师会让求助的人在窗口等候，再去调查求助人的情况，往往要花费很长时间。施韦泽怜悯这些不幸的人，他认为实在不该为这样的事再增加他们的烦恼。所以施韦泽采取了特别的方法来对待这个工作。他接到申请后，会遣走对方，当天内就骑着脚踏车去查访，如果情况属实，当场就给予救助。

在当时，一个牧师骑脚踏车是一件非常有失身份的事。如果仅凭双脚，只会浪费更多的时间，那些处于不幸中的人们，随时都可能发生些什么不幸的事情。想到这些，施韦泽便什么都顾不上了。

不过这项工作最终也未能让施韦泽感到满意，因为仅凭他一个人，效果简直是微乎其微的。可是一参加集体活动，施韦泽在时间上就无法自由掌控。施韦泽的希望是找到一个可以让他全心付出又绝对自由的方式，来服务弱势群体。

这样的一个愿望，终于在他快过30岁生日的时候，以一种特别的方式，出现在了他的眼前，并影响了他的一生。


# 5. 非洲的召唤

秋天的一个夜晚，施韦泽像往常一样，上完课后回到了圣托玛斯神学宿舍的公寓。桌子上一本绿色封皮的小册子很快引起了他的注意，这是巴黎传教士协会的月报。他决定在开始自己的工作之前，先来翻看一下里面的内容。突然，他的眼神定格在了一篇文章上，那篇文章的标题是"刚果地方传教士之所需"。

年幼时，施韦泽就对生活在那里的人们感到十分的同情与怜悯。非洲土人的悲惨生活，以及在那里从事布道工作的传教士们是如何的艰辛，所有的这一切都成了他关注的目标。

他曾经从父亲那里听到过一个让他至今印象深刻的故事。故事的主人公叫友·卡沙里，他是一名法国传教士，却不远千里到了非洲的拔司特，历经千辛万苦，将福音传播给可怜的土人们。这是施韦泽的父亲从卡沙里的回忆录中翻译过来的，为的就是将他的生平事迹在每月一次的为传道会而设的礼拜上讲给大家。

从那以后，只要施韦泽有机会去科鲁马鲁（阿尔萨斯的首府），他一定会去看看练兵场上的布流亚将军纪念碑，并停留在那久久不愿离去。这座纪念碑的作者也是自由女神像的作者——巴多第。但是吸引施韦泽的并不是它的作者是多么的有名，也不是这位仪表堂堂、光彩夺目的将军，而是将军脚下那个悲伤忧郁的黑人雕像，在他的表情里，施韦泽看到了无尽的忧伤，以及沉默中肩负的苦难，每次看到这座雕像，施韦泽的心里就会迸发出无尽的感伤与忏悔，他想为这些历经苦难的人民做些什么。

也许正是在神的感召和命运的安排下，才使施韦泽看到这篇文章。因为平时施韦泽的工作特别忙碌，根本无暇翻看这类小册子，对待它们，也是随处堆放，任其布满灰尘。但是，今天却完全相反，施韦泽看到了这本小册子，并且他打消了工作的念头，全身心地阅读那篇文章。

这篇文章很短，是巴黎传教协会的会长所写。文中叙述了非洲土人们的悲惨境遇，指出传教工作的艰难，因为人手不够，所以在那里救济土人的工作根本无法开始。结尾还写了这么一句话："人们哪，教会正在迫切地需求着，对于主的一个召唤，马上回答：'主哦，我愿意去'的人。"

读完这篇文章，施韦泽慢慢地放下小册子，回到了自己的工作中，但是事情并没有因此结束，他已经在心底暗下决心，要到非洲去。几个月之后，正好就到他的30岁生日了，他感谢神，赏赐给他一份可以为之奋斗终生的事业。

到了第二年，他去非洲的计划已经全部拟定好了，不是以哲学家，更不是以音乐家的身份前往非洲，他要以一名医生的身份前往。

虽然他完全不懂医学，但是他不想靠语言去传播这份爱，而是靠行动。他认为，要想拯救身受疾病折磨的非洲土人们，行医才是最好的方式。而且让他下定决心的那本小册子上，也明确阐述了那里缺少医疗工作人员。

另一方面，他考虑到，自己平时对基督教的见解与教会有些隔阂，如果自己以一个传教士的身份去往非洲，可能会受到很多方面的阻挠。事实证明如此，以至于后来他以一名医生的身份前往非洲，也受到了不小的阻挠。

考虑到现实的情况，施韦泽也曾有过不安，他一直在研究神学、哲学、音乐，医学却是从来没有接触过的，更别说是当一名医生了，而且还要去非洲当医生。要想去非洲行医，光学一个科目是行不通的，想应付复杂的状况与很多欧洲医学根本不知晓的病症，就必须做一名全能医生。

看上去如此之难，但这一切并没有打消施韦泽去非洲的念头，他暗自发誓，一定要完成这个心愿。

做了决定的几个月后，施韦泽在巴黎给父母以及几个亲近的友人发去了几封信，告诉他们自己的决定，要做一名医生，前往非洲。

当他的这个决定传到父母与朋友那里时，几乎引起了一场轩然大波。似乎没有人准备支持他，而且父母还责怪他为什么在做决定之前，不和他们商量一下。所有人都认为努力奋斗了这么多年，好不容易取得了如此的成就，怎么会在一瞬间全部抛弃，去从事完全陌生的工作，更何况还要去服务野蛮的非洲土人？是的，没有人会认为这个想法是明智的。所有人都认为他应该继续献身于学问与音乐，这才是更有意义的事。

对他的这个决定，最为气愤的应该就是一直精心栽培他的魏多，这位老师像发疯一样向他咆哮："你认为我凭什么那么热心地把风琴弹奏的全部秘密教给你？是因为看中你，想把这种面临失传的美丽的音乐传向后世。肩负着如此重任的你，怎么可以将风琴抛弃，跑到非洲食人族的地方去？你去了又能怎样？能把他们怎样？你这是对我、对风琴的背叛吗？你这个忘恩负义的家伙！"

还有人说："他可能是因为失恋，发疯了！"

更有甚者说："他的才华已经全部用尽了，预想到自己在学术或是音乐方面没什么前途了，所以要干一件让人意想不到的事，来出一下风头吧！他就是一个看重名利的野心家！"

最让施韦泽意外的是，那些平日里满嘴仁爱、要牺牲自我、服务于不幸之人，传播伟大的基督精神的人们，大多也反对他的想法。

但是，不管别人怎么说，施韦泽已经下定决心，而且从未动摇。面对反对的人，施韦泽耐心地向他们诉说着自己的决心以及计划。看到他坚定的眼神后，大家了解到，那不是他痴人妄想的梦，不是一时的冲动，更不是为了沽名钓誉。大家慢慢地感受到，他的确是真心实意地想把爱心奉献给深受苦难之中的人们，是发自内心的对耶稣基督虔诚的信仰。

渐渐地人们的怀疑声变成了惋惜声。一位著名的学者、音乐家，要放弃他的学问与音乐，化身一名医者，前往贫疾的非洲蛮荒之地。更有人为他感到担心，一个三十而立的人，从零开始学医，能不能学有所成？

是的，施韦泽再清楚不过了，这的确非常冒险。但是他有伟大的信念作支撑，即使明知不可为，他也要为之，这就是一个真实的施韦泽，一个伟人的真实本色。

# 6. 八载学医之路

在施韦泽向父母以及亲友写信告知要去非洲的那个月末,他找到了医学院的院长,并提出了自己的听课申请书。

起初院长也以为,他是不是疯了,还想把他送去精神病医生那里诊治一下。但是当他了解到施韦泽的真实意图后,不禁对眼前这位热血青年感到了由衷的敬佩,深受感动的院长不但准许他在教室里当一名学生,而且还减免了他的全部学费。

就这样从1905年10月开始,施韦泽开始了漫长、艰辛的学医之路。与此同时,他还要继续做神学院的讲师、圣尼哥拉教堂的副牧师;正在撰写的著作《耶稣生平研究史》与《巴赫》两部书也要继续完成;巴赫协会的演奏会,他要负责管风琴,也必须要参加,时常随团参加巴黎、西班牙、维也纳等地的演出;拯救老式风琴的工作,也要坚持下去。

尽管为了那个决定,施韦泽变得忙碌起来,但是这一切,都在有条不紊地进行着。他完成《耶稣生平研究史》后,就开始向医学研究的基础——生物、生理、物理、化学等学科发起了进攻,这些都是他在中学时期就比较喜欢的。而且在研究这些学问的同时,他发现这与之前研究神学与哲学知识有所不同,因此也感到十分的高兴。

施韦泽研究某一学科,一向不以应付考试为目的。他必须一步又一步地进行深入、细致的研究,在医学研究上也是如此。逐渐,他的工作变成了一种负担,重重地压在了他的肩上,但并没有压垮这位巨人。

1908年，总算是学完了各科功课，到了参加考试的阶段，这时他才恍然发现，自己还没有为应试做任何准备。

就在他慌了手脚的时候，一名年轻同学邀请他参加"应试协会"。他们会调查出一些教授会出什么样的题，然后商议如何应对，算是一种投机取巧的办法吧。施韦泽一时也没有更好的办法，便加入到了这个协会。

令施韦泽比较感兴趣的是药物学科，教授这门学科的是世界闻名的玄参研究学者史密第堡教授。施韦泽便向同学们发问："你们认为史密第堡教授会出玄参吗？"

一名同学在查阅了半天资料之后，告诉施韦泽："这几年他都没有出过这方面的问题，所以是不太可能的。而且像他这样的大学者，是不太喜欢拿自己的强项去考别人的。"

还有一名同学在一旁插嘴："那个小老头，头脑可是很不简单。玄参，在正面准备是没有用的。"

还有一名同学给大家讲了这样一个有趣的故事：

就在不久之前，阿尔萨斯的一所市立大学请解剖学的史瓦培教授去做一场人类学的演讲。既然要讲人类学，就一定会接触到进化论。但是按照宗教上的说法，人类是由神按照他自己的样子所创造出来的，可是进化论却把人类说成是由猿猴进化而来的，因此，在当时进化论仍要面对着各方面的严厉指责。史瓦培教授有些担心，不知该怎么办，便找史密第堡教授商量。史密第堡告诉他说："别管这些，可以讲讲达尔文的学说，不过千万不要提到'猴子'这个词。这样就可以保证他们对达尔文的学说和你的演讲都满意。"

史瓦培教授果然照做了，结果演讲会举办得特别成功。

大家听完，开始哈哈大笑。

施韦泽觉得跟这些年轻人在一起，的确受益颇丰，可能也是因为这个缘故吧，他得以顺利通过考试。

当时的施韦泽怎么也不会想到，多年以后，会在那样的一种境遇下与史密第堡教授再次重逢。

1919年的春天，第一次世界大战刚刚结束。在第一次世界大战刚开始时，施韦泽就被俘获了，要从非洲遣送回故乡。当他途经斯特拉斯堡的诺多夫车站时，看到了一群德国人正要被法国警官驱赶上一列火车，他们要被送回德国境内。施韦泽不禁停下了脚步，看着这些可怜的人们。就在这时，他在一群德国人中看到了一个熟悉的背影，那人，正是史密第堡教授。

史密第堡教授正拼命地护着一个纸包，像是很重要的宝贝。而法国警官正在一个个检查这些德国人的物品，并下令让他们丢弃。史密第堡教授显得特别慌乱，施韦泽于心不忍，便连忙走过去，问："史密第堡老师，您怎么啦？那包东西非常重要吗？"

史密第堡教授像看到了希望一样，赶忙说："嗯，这是我花了最后心血整理出来的有关玄参的论文。"

施韦泽心想，怪不得教授会紧紧地抱着它。这让施韦泽很是感动，便向史密第堡教授提出了自己的建议："老师，让我先来帮您保管吧。等老师到了安全地点以后，把地址告诉我，我再给您寄去。"

施韦泽后来按照约定把这包文件寄给了史密第堡教授。之后不久，这部文稿便出版了。此书出版后，像是圆了教授一个梦想似的，老教授便安心了，没过多长时间就去世了。没想到那次相见，竟是施韦泽与史密第堡教授的最后一次见面。

1910年10月，施韦泽参加了国家的医学考试。在此之前的9月，施韦泽还参加了慕尼黑音乐节上的演奏，一位知名的作曲家为管风琴和魏多的乐队创作了一首宗教交响乐，施韦泽担任管风琴手一职。正好演出的收入可以支付10月的医学考试。

考试都及格后，只剩下临床讲义和医学博士的论文，这回施韦泽可以松一口气了。

为了好好地研究医学，施韦泽只好辞去了舍监的职务。这样一来收入减少了，但是支出却一直在增加，这让他在这几年里吃了很多的苦。幸运的是，这段时间演奏的收入或多或少可以解决一些问题，而且《巴赫》出版后，销量还不错，版税收入倒是比预想的多一些。他终于不必再为钱而苦恼了。

1913年2月，施韦泽完成了医学博士论文的写作，论文标题是《关于耶稣的精神病学的评定》，并顺利地获得了医学博士学位。在此后不久，施韦泽被许可可以在法国的领土上行医。这样，他离去非洲行医的目标就越来越近了。

历经8年的艰苦学习生涯，施韦泽终于获得了行医证和医学博士。

# 7. 邂逅海伦娜

施韦泽在担任斯特拉斯堡圣尼克拉教堂的助理牧师时，注意到一个聪明、漂亮、富有教养的姑娘——海伦娜·布雷斯劳。她与施韦泽同属一个社会阶层，施韦泽一直坚信海伦娜是了解他的。

当施韦泽布道时，海伦娜总是在注视着他。他们晚上告别时，施韦泽问海伦娜对他的布道有什么看法。海伦娜有些害羞地说："就像你刚才说的那样，我也经常在想，我们要信仰，我们害怕不信仰的人。"

施韦泽有些不好意思地说，更希望听到指出他的不足。海伦娜犹豫了一下，便拿出她作为女教师的气质，说了自己对施韦泽布道风格的想法："有点不一样，跟别的牧师比起来，你的布道有点奇特，之所以会觉得奇特，可能是因为你的句法是有着浓郁的法国色彩的阿尔萨斯德语句法，听起来就像是阿尔萨斯农民的语言。"

施韦泽也曾认真地思考过自己的句法风格。施韦泽必须写很多东西，但是在写作中是绝不可以给人留下这种印象的。海伦娜提议可以让她先通读一下施韦泽的讲稿，这其实也正是施韦泽所想的。但之前施韦泽并不好意思请求海伦娜这么做。

自那次交谈之后，施韦泽与海伦娜经常见面。他们发现两个人有很多的共同点。海伦娜喜欢孩子，并梦想着可以成为教师，为此她还读过一段时期的师范专业。海伦娜还喜欢音乐，经常在斯特拉斯堡音乐学院听课。海伦娜的父亲哈利·布雷斯劳是斯特拉斯堡的历史学家，曾长期担任斯特拉斯堡大学的校长。

1902年，海伦娜前往英国担任教师。英国工业城市的贫民区成为海伦娜研讨社会救助问题的起因。回到斯特拉斯堡后，她就在孤儿院工作。慢慢地，在她的生活中艺术开始为慈善让位。她认为，人活在这个世界上，不能只为自己活着，要看到并帮助那些正在受苦的人。海伦娜和施韦泽有着很多的相似之处，能把他们联系到一起的最重要的原因，就是服务于受苦之人的心。

1904年，法文版《巴赫》出版后，施韦泽的名声越来越大，但他的生活却丝毫没有改变。他还是像往常一样，夜晚阅读和写作，白天经常到山上去。而此时，在他的身旁总能看到海伦娜的身影，这个姑娘总是那么善解人意地理解施韦泽所做的一切。

很快施韦泽与海伦娜到了要谈婚论嫁的时候。不过在施韦泽快过30岁生日时，他做了前往非洲的决定。为了施韦泽的新决定，原本早该举行的婚礼，不得不往后推迟一段时间。幸好，海伦娜理解施韦泽想去非洲的想法，因为她自己也在长期从事着相关的服务。而且从1904年起，海伦娜就开始学习护理。并且，海伦娜也愿意等待。

施韦泽为了让海伦娜了解在奥戈维流域工作是非常困难与艰险的，特地请了正在斯特拉斯堡医学院实习的莫雷尔太太做客，她是在兰巴雷内传教的莫雷尔的妻子。海伦娜为此问了不少问题，以至于莫雷尔太太都有些难以回答。这样一来，施韦泽也理解到海伦娜为了和他前往非洲所做的努力。

1912年6月18日，施韦泽与海伦娜在斯特拉斯堡完婚。共同的爱好与志愿，使他们被命运安排在了一起。甚至于有人认为海伦娜的牺牲精神比施韦泽更加伟大，因为她不仅嫁给了施韦泽本人，也嫁给了他的工作。

海伦娜对于施韦泽来说的确是一位非常好的帮手，在他们完婚之前，海伦娜就在文字方面给予施韦泽很多帮助，在他们完婚后，海伦娜更是帮助施韦泽修订新版的《耶稣生平研究史》。

在文字方面的帮助还是次要的，更为重要的是，海伦娜是一位非常好的、志同道合的伴侣，使施韦泽在非洲的生活不至于那么无助与寂寞。

第五章　非洲之行

# 1. 圆梦非洲

前往非洲的行医之旅，学习热带医学是必不可少的。为了在那里停留几年，他们需要把开办医院所需的物品准备齐全，从日用物品到所需药品与医疗器械，甚至绷带、纱布这些东西也要准备。这样一来就有很多事务在等着施韦泽去处理，幸好海伦娜非常配合施韦泽的工作，帮助他分担采购、打包等事务。

如果把各种东西都准备齐全了，就需要施韦泽募集到更多的资金才行。到了这个时候，原本反对他的朋友们也都开始诚心地帮助他们，尤其是斯特拉斯堡大学的同事们和圣尼克拉教堂的信徒们，给了他最大的鼓励与支援。

魏多也变得更加热心起来，为此他还举办了多场演奏会，并把门票带来的收入全部捐献了出来。巴赫协会为了感谢施韦泽对协会所做的贡献，还特地订制了一架在热带也可以完好无损的管风琴兼用的上好钢琴送给施韦泽。

在大家的帮助下，必需物品的购买、前往非洲的路费以及支持医院一年所需的费用等都得到了解决。施韦泽便向巴黎的传教士协会申请前往兰巴雷内。兰巴雷内在当时是法属赤道非洲的传教活动中心地，现在已独立成为加蓬共和国。

当时该地区非常需要医生，但是面对施韦泽的申请，还是有很多人持反对意见。因为施韦泽对基督教的看法太过大胆，使得不少信徒对此感到不安。最后，事情以施韦泽在非洲只是行医，在信仰上绝不多说一句作为条件，而得到解决。

1913年，他们先把70个箱子寄往波尔多。之后，施韦泽和海伦娜告别了故乡根斯巴赫，来到了巴黎。在巴黎，魏多在圣苏尔皮斯教堂用优美的老式管风琴演奏为他们送行。

不久之后，施韦泽和海伦娜就搭上了前往非洲的轮船。等待他们的是一个未知的世界。船上有很多白人，他们被友好地对待着。轮船要越过赤道，航行3个星期。暮色下，轮船顺着河流驶向大海。

第二天，轮船就在海上遇到了风暴，行李乱滚，人也随之颠簸着，幸好在3天之后风暴结束了，不少人因此受了伤。不久后，轮船抵达了西班牙的一座市镇，稍作停留之后，又向南驶去。

在船上，施韦泽认识了一位中尉，他在殖民地待过一段时间，还有一位军医，他在12年前就来到了赤道非洲。施韦泽从他们那里得到了很多有用的知识。

离开西班牙那座市镇的第二天，所有乘客都接到一个通知：从今天起，在没有遮阳物的地方，必须要戴遮阳帽。这里似乎与德国6月份的气候差不多，因此，施韦泽并没有按照规矩戴上遮阳帽就来到了甲板上，欣赏海上夕阳的美景。这时，那位军医走了过来，并警告施韦泽："从今天起，就算天气不那么热，不管是什么时候，都要把太阳当成头号敌人。有时候，遮阳帽上一个小小的破洞，都可能让人得上日晒病，早上与傍晚甚至比中午还要危险。"听了军医的话，施韦泽第一次感受到了热带地区的可怕。

到了达卡港，施韦泽下了船，第一次把脚印留在非洲的大地上，施韦泽感到非常激动。但是，很快他就看见了不堪的一幕，有一辆装满木材的马车，上面还坐着两个黑人，在细石铺成的马路上行驶着，马拉不动车子，黑人便挥动起鞭子狠狠地抽了过去。施韦泽看不过去，便叫那两个黑人下来，由他帮忙，三个人推了好半天，车子才上了路。

回到轮船上，中尉告诉施韦泽："如果看不了虐待动物的情形，那你就没有办法在非洲待下去，比这更可怕的比比皆是。"

随着轮船继续南下，更加凄惨的非洲大地便呈现在了施韦泽的眼前，此时，他更加深刻地感受到自己来到了一个多么可怕的地方。光是从那些海岸的名字（象牙海岸、奴隶海岸）就可以想象得到欧洲人对这个地方所犯下的残忍的罪过。

每次进港，都会有很多半裸或是披着破布的黑人妇女与小孩向船聚集过来，甚至还有一些男人也会过来。有些乘客竟然在甲板上向海里扔黑人们竟不顾彼此，为了几个铜板，争相跳进海里抢夺，甚至不顾海里的鲨鱼，悲剧便一幕幕上演……

一位乘客告诉施韦泽："人们给黑人带来的烧酒与疾病，仅给一些钱是不可能抵偿曾经犯下的罪恶的。"听着他的话，施韦泽更加坚定了自己的信念，要为这些不幸的人们做些什么，来补偿欧洲人在这片大地上所犯下的深重的罪孽。

## 2. 初到非洲

经过了一段时间的航行，兰巴雷内终于出现在了施韦泽的视线里。轮船开始鸣笛，慢慢地靠向码头。从这里换乘独木舟，再划行半个小时就能到达传教办事处。

施韦泽和海伦娜正在等待着卸货，突然看到一群少年划着两支独木舟来到了轮船附近。独木舟是把大树干掏空而做成的，又浅又窄，但是划起来的速度却非常快。少年们站在舟上，撑着细长的桨，他们快乐地唱着歌，在船的四周绕了几圈。原来他们是在传教士的指引下，来欢迎施韦泽和海伦娜的。施韦泽和海伦娜在少年们的帮助下，换乘了独木舟，划进了一条支流，不一会儿，他们就来到了传教办事处。

由于这里的气候酷热潮湿，欧洲人在这里住上一年左右，就会患上过度疲劳与贫血，两三年后就会丧失工作能力，至少要回欧洲休养半年以上才能恢复。所以，来到这里的人，只是少数官员、传教士（新教或旧教）、木材商人、一些农场主。因此在施韦泽刚来的时候，这里只有200个左右的白人。黑人土著的人数就不得而知了。不过这里曾经生活着8个部落的残余部分，他们各自说着自己部落的语言。

施韦泽和海伦娜被安排住在山丘上那幢木造的、带有阳台的房子中。房子的周围有回廊，盖在40根高一公尺半的铁桩上。施韦泽为此感到十分高兴，房子的前面是一个湖，周围是一片丛林，下面可眺望奥戈维河支流，后面是蓝色的、高耸的山峦。

施韦泽喜欢这种在自然中的生活：绵延的山脉、茂密的丛林、湍急的河流、淳朴的生活，这里的一切就像是根斯巴赫的乡间村落。施韦泽出神地望着这美景，几乎陶醉了。这里就是施韦泽所向往的地方。

天色渐渐地暗了下来。蟋蟀似乎也来欢迎他们了，不停地叫着。晚上，施韦泽夫妇再次受到了热情的欢迎。黑人学童们唱着歌来欢迎施韦泽夫妇。这些歌的旋律是瑞士的民歌，在它的基础上填上欢迎施韦泽到来的词语。

晚餐后，传教士向施韦泽介绍了当地的一些基本情况。在谈到基督教时，他们说，这与当地的巫术和多神崇拜是有冲突的，这就是说，巴黎传教协会的那些牧师所担心的问题，在这里根本就无关紧要。

　　使施韦泽感到失望的是，传教站答应给施韦泽建造的诊所并没有兑现。传教士解释说："这是因为传教站只能支付很低的工钱，劳动力们为了赚取更多的工资，都去砍伐木材去了。没有了劳动力，诊所自然未能建造。"

　　夜幕降临了，施韦泽夫妇回到了他们的住所。在非洲大陆的第一个晚上，几乎没有得到好好的休息就过去了。丛林里不时传来神秘的涛声，还有不远处鱼儿的怪叫声。第二天6点钟，学校那里就传来了唱圣诗的声音。

　　施韦泽的任务是繁重的，因为在他来之前，方圆百里，一个医生也没有。土人生病，只能靠传统的巫师施咒作法。可是一旦传染病来袭，那情形就会惨不忍睹。这里地处热带，发生传染病的可能性又非常大，像热带性赤痢、疟疾、麻风、昏睡病等，都能造成可怕的灾难。土人对面对染病也只能束手无策，眼看着一个又一个人在丛林中倒下。不光是传染病，其他的疾病对土人来说也是极其可怕的，如肺病、心脏病、精神病等等。

　　大批的土著人在施韦泽这里得到了帮助。从1913年开始，施韦泽陆陆续续地为这里的土人们提供了52年的服务。


# 3. 行医之旅


　　施韦泽刚到达这个虽然充满神秘感，但又被蚊虫肆虐、物资匮乏、穷困潦倒所充斥的蛮荒之地后，原来准备用两三周的时间来筹备诊所。但他到来的消息还是很快就传开了，病人们蜂拥而至。尽管办事处早就告知大家，他来后也要花一些时间准备，除了急症的病患，其他人先不要来就诊，但是似乎没什么效果。

在来之前他写过信，请传教办事处帮他盖好一所铁皮屋顶的屋子，等他到了之后好尽快开始医疗工作，可是当时恰逢奥戈维河流域一带木材价钱高，而且办事处给的薪酬较低，所以土人们为了挣钱都去砍木材了，没人顾得上他的医疗工作室，以至于到现在还没有盖好。

一切看起来是那么的糟糕，但是施韦泽的善良，决不允许他放任这些可怜的病患们不管。尽管帮助人的心很急切，但也不能在自己的房间为他们诊治，那样做是很冒险的行为，有些人的身上可能携带着传染病。

于是，他只好决定暂时在露天工作。在灼热的太阳下，人是不能长期工作的。即便是戴上遮阳帽，仍然有可能患上日晒病。

来兰巴雷内之前，就有人告诫过施韦泽说："非洲的阳光是人类的天敌！"

施韦泽起初只是认为那人把这里形容得有些夸张。但是亲身经历之后，他才知道真的丝毫都夸张。一个白人午餐后休息，因为房间屋顶一个铜板大小的缝隙照射进来的阳光，头部被晒了几分钟，结果就高烧发病，几乎不治；另一个白人在独木舟上帽子掉进水里，他很快意识到不能直晒阳光，只好脱下上衣与衬衣蒙住头部，可是就这片刻工夫，已让他患上了严重的日晒病，昏了过去。

赤道的太阳就是这么的厉害与可怕，没有亲身经历过的人很难了解它的威力。日晒病在非洲是一种很常见、很凶险的疾病。太阳辐射直接作用在人的头部，可以导致脑组织充血而引起的日晒病，令患者剧烈痉挛，迅速死亡。

并且，每天到了傍晚的时候，这里一定会有一场骤雨，每当雨来的时候，还要急急忙忙地把物品搬到回廊下避雨。

到哪里去找一处房屋来临时充当一下诊疗室呢？四处寻找之下，他发现在自己居住的木屋旁边，有一所荒废的鸡舍，虽然很窄、很简陋，屋顶还有小洞，但毕竟要比露天下工作好得多，于是他决定把鸡舍拿来充当临时医务室。

他找来几个人，简单地修理一下，放上几个架子，摆放一些药品，弄来一把旧椅子。这里没有窗户，外加屋顶上有漏洞，遮阳帽不能摘下来，里面简直热得让人窒息。尽管是很简陋的诊疗室，但经过修缮以后，施韦泽仍感到，心中有股莫名的喜悦与兴奋。虽然屋顶有些漏洞，但仍可以遮去大片阳光，下雨也不用再急急忙忙地搬东西。有时，他还会停下手上的工作，静静倾听雨点拍打在屋顶的声音。

这里的土人之前从未就过医，有病就靠巫师作法，或是等待死亡。虽然对于这一切施韦泽早就做好了心理准备，但是每天络绎不绝的心脏病、肺病、精神病、橡皮病、热带赤痢、热带溃疡、昏睡病、麻风病、日晒症、疥癣的患者，还是让他有些吃惊。

其中疥癣是最轻微的疾病，但这种皮肤病却像恶魔一般困扰着当地的土人，患者会感到奇痒无比，寝食难安。虽然医治起来并不困难，只要用硫黄粉末调入一些椰子油和肥皂，涂抹到患处，两三次就能见效。但是由于缺医少药，患者不断抓痒，往往导致溃疡化脓，引发特别严重的后果。

与疥癣相比，热带溃疡就更难对付了。沙蚤常寄生在脚趾皮肤下，奇痒无比，一旦抓伤，很容易感染，形成坏疽。初到非洲时，施韦泽几乎看不到当地十趾齐全的黑人。麻烦的是，如果溃疡蔓延到身体其他部位，就很难治愈。当地的土人都很惧怕这种疾病，通常他们会将病人隔离到一个独立的小木屋中，任凭他在痛苦中死去。施韦泽从收治一个这样的病人到医治好他，通常需要几个月时间。

　　昏睡病也是一种特别难对付的热带疾病。在蚊蝇肆虐的非洲之地，有一种采采蝇，令人难以提防，当它叮咬人或动物时，不但会吸食血液，还会将锥体寄生虫注入人或动物的体内，从而引起昏睡病。患者通常会高烧不退、全身疼痛、昏睡不醒，很快就会死亡。唯一有效的办法，就是穿上白色衣服。采采蝇不敢靠近白色的东西。即使是医学博士，施韦泽也是常常处于危险之中。

　　就是在这样的艰苦环境下，他开始了自己的非洲行医之旅。

# 4. 第一位黑人助手

　　没有助手，没有充足的器材与药品，语言不通，虽然有一位翻译，但是每当谈到细节，便完全不知所云了。一个又一个的难题摆在了施韦泽的面前，但是事情似乎在一个黑人患者到来之后有了转机。

　　一天，施韦泽的诊所里来了一位黑人病患，很快他就引起了施韦泽的注意。他举止优雅，说着一口流利的法语，他就是约瑟夫。他在一位白人的家里当厨师，近来由于身体不适，就辞去了工作。后来听说这里有了诊所，便来看病。

　　施韦泽突然有了一个好主意，就试探地问了他一句："你愿意来我的诊所，当助手吗?不过，我这里可付不了太多薪水。"

　　施韦泽起初认为他会拒绝的，因为当地的黑人是很看重薪金的。但似乎约瑟夫不是很计较这些，很痛快地答应了。

　　工作了一段时间后，施韦泽发现这个黑人是个不错的帮手，虽然他不认识字，但是标签上的字他可以很快就记住，现在已经可以分辨出所有药品；他也很勤奋好学，没过多久，他就可以做施韦泽开刀时的助手了。

唯一的缺点是，他习惯把人身体上的各个部位，用菜单上的术语来表示，比如，"医生，这位女士说她右边排骨痛"，"这病人说他的臀肉痛"……或许，跟他从事了多年的厨师工作有关系吧！

诊所里有时忙得不可开交，所以施韦泽的夫人——海伦娜也要负责一些工作，如清洗医疗器具、绷带、开刀用具、开刀服装等，看护一些重病患者等等。

一般情况下，诊所开门的时间为8点30分，但是每天还不到这个时候，院子里就有很多病患在等候。当地的土人生活比较散漫，所以会有很多不好的行为。例如他们会心安理得地拿用医院的物品，会在病房里生火做饭等等。为了改变这种现象，施韦泽不得不制定一些规定，并由约瑟夫每天早上向前来就诊的患者们宣读一遍：

第一，不要在诊所附近吐口水。

第二，在外面等候的时候，不要大声交谈。

第三，有时不能一上午就看完所有的病人，所以来就诊的患者和陪护的人需要携带一天的粮食。

第四，没有经过医生允许就在传教办事处留宿的人，不给药，并让其离开。（原因是，有些病人擅自闯进学童宿舍，去抢床位。）

第五，装药的瓶子一定要归还。（原因是，在热带地区纸袋与硬纸板盒都不管用，因此，瓶子与罐子显得十分珍贵。）

第六，每月中旬，从船到来至开走的期间，除了急症以外，普通病患不予受理。（原因是，必须充分利用这段时间来写信，向欧洲订购药品。）

约瑟夫用当地的两种语言（嘉洛亚语与保安语）详细说明后，并请大家回到各自的村子时转告给其他人，大家纷纷点头示意。

中午12点30分，约瑟夫便宣布："医生要吃饭了。"患者们便散去，各自在树荫下吃着他们带来的午饭，直到下午两点钟诊所又开始工作了，他们再聚拢回来。

到了下午6点30分，诊所到了关门的时间，还有很多病人没有看完。在非洲到了夜晚后，人很有可能会遭遇被蚊虫叮咬的危险，为了避免如此，施韦泽只好让他们返回家中，次日再来。但是说起来容易，做起来真的很难，因为当地的土人们很难明白其中的危险，而且，有的患者是从二三百公里外，利用独木舟来到这里的，由于没有陆路可走，他们的亲人必须划好几天的船才能来到这里，为了不把孩子留在家里独自过夜，也只好一起带过来。到了这里又不能把病人留下，其他亲人先回去，因为等病人治好了以后，无法跟他的亲人取得联系，让他们来接走病人。

出于无奈，施韦泽只好把这家人全部留下，土人们可以很放心地全家出门，因为他们的老家不会有什么事发生，但是施韦泽的诊所必须想办法，才能使这些人留下来。

现在的天气还很炎热，气候比较干燥，土人们可以在树荫下或是屋檐下随便找个地方过夜，可是这种状况对传教办事处却不是很方便，而且到了雨季，这些土人又该怎么办呢?

施韦泽的心里开始盘算着，一定要快点建立起一所可以容纳一定人数的医院，设备还要再完整些才行，因为越来越多的病人涌向这里，贮备的药品用不了多久就会用光了。即便是赶快订购，也要三四个月才能被送到这里。在这么多病人的围绕下，现在的人手和器材显然不够用。

施韦泽的愿望是美好的，但是实施起来却有很多困难，所以总是一拖再拖。

# 5. 丛林中的医院

施韦泽在和传教士们商量之后，决定要盖一所医院。传教士们建议施韦泽在他选定的地点，最好盖一所波浪形铁皮屋顶的木屋医院，以及一些附属的房舍。传教所还答应要拨两千法郎给施韦泽，用作建筑医院的费用。

施韦泽接受了传教士们的建议。不过现在摆在他面前的任务是，平整那片土地。施韦泽好不容易顾来了几个土人佣工，但是施韦泽却要面对他最不喜欢的工作，管理那些工人。因为那些土人非常懒惰。其实说他们懒惰是不正确的，他们只是更习惯过自由的生活。从他们生下来开始，就不必为生活琐事而感到烦恼。自然界为他们提供了一切需要的东西。丛林里的树木、竹子等，可以用来搭建房屋。他们只需种点香蕉、木薯，捕点鱼、打点猎，就能获得必需的食物。因此他们根本用不着打工就可以生存。如果他们出来打工，目的就只有娶上一房妻子。就算他们出来工作，等赚够了钱，就会回到故乡，过着自由自在的生活。

土人并不是懒惰的，他们是自由人。但是，施韦泽一心想尽快盖好医院，所以土人们的偷懒让他有些生气。一个不算很坏的土人告诉施韦泽，要想让他们努力工作，就要和他们在一起干活。

于是，施韦泽只好每天抽出2—3个小时来监督他们工作，赶了两天的工，平整土地的工作终于完成。

接下来就是建筑工作了，施韦泽一边要治疗病人，一边要监督他们。除了这些雇佣的土人外，来施韦泽这里看病的患者或是陪伴的人也参与到了医院的建设中。就这样，在1913年11月初，一栋长8米、宽4米的波浪铁皮屋顶的木屋建筑完成了。

尽管有些简陋、狭小，可是每个角落都被利用上了，里面有诊疗室、小手术室、药房以及消毒室。施韦泽还做了一些特殊的设计，地面打了水泥，窗子直接开到屋檐，窗上没有玻璃，只装上了纱网，这样就能保证室内良好的通风。为了预防骤雨的来袭，施韦泽在外面还加了木板护窗。天花板用的是白布，可以防止蚊子。在热带地区用铁皮做屋顶，屋内应该会很热，但是在施韦泽做了这些设计之后，屋内倒是非常的凉爽。

12月，医院周围的附属建筑、病人的等候室和住宿处也完成了施工。这些是采用土人住所的方式建造而成的，用经过处理的树木盖起来的。住宿处长13米，宽6米。

除此之外，施韦泽还为约瑟夫建造了一个小屋。并为乘独木舟来的病患们，在距离这些房舍约25米的地方，做了一个能庇荫的小码头。

在住宿处内，施韦泽在地上划了16个大正方形，每个正方形代表一个床位。当天晚上，这些床就被做好了，床离地半米高，上面铺上了干草，虽然这些床很简单，但是很实用，床的下面可以放上病患们的日用品和一些食物。床很宽，每个床位可以供两三个人舒服地休息。蚊帐则由病人们自己带。在这里就像在家一样，施韦泽只要求一点，就是病人没有床时，健康人决不能坐在床上。

到了年底，在兰巴雷内终于算是有一个小型的丛林医院了。施韦泽并不像在欧洲的医院那样强制地管理这个医院。施韦泽尽可能地为病人提供方便，他不打破病人的生活习惯。施韦泽绝不强迫病人做影响他们情绪的事。他知道，那样很容易打击非洲人的心理。

随着病人的增加，医院的住宿处扩建已经刻不容缓。而且传染病患者是一定要隔离的，尤其是危险的热带赤痢、昏睡病等，更要引起足够的重视。另外，还要有一栋比较坚固的病舍，用来收治精神病患者。

想到这些，施韦泽就不得不忙碌起来。不过，最让施韦泽感到困惑的是，这些土人并不懂得感恩。在他们眼里，互相照顾是天经地义的。还不仅如此，他们病好回家时，还会向施韦泽索要一些礼物。在他们看来，结交了新朋友，就一定要互相赠送礼物。

施韦泽并没有想过要向土人们收取医药费。可是平日里除了消耗药品之外，施韦泽还要为病患及陪伴的人准备干粮，这笔不小的支出，才是让他最为烦恼的。

施韦泽只好耐心地引导土人们，让他们知道自己被救了，远离了灾难，答谢拯救他们的人是应该的，也是必须的。还要让他们知道，他们可以在诊所里接受治疗，是欧洲的很多朋友为之努力换来的，我们还要感谢他们。

施韦泽的教导对他们似乎起了作用。慢慢地，有很多土人懂得了感恩，并送来谢礼。有的交了钱，有的送来了香蕉、鸡蛋等物品。

土人们送来的东西并不能使施韦泽的诊所得到多大的改善，但是施韦泽并没有想从土人们那里得到什么。施韦泽只是想让他们珍惜别人的劳动成果。施韦泽的做法是正确的，慢慢地他们懂得了爱护诊所里的物品，珍惜别人的劳动。不过，施韦泽绝不收贫穷的人和老年人的谢礼。

# 6. 土人娶妻

在兰巴雷内这个地方，甚至是在整个非洲，女人对于一个家庭来说就是一项财产。这种说法毫不夸张。

从一个女孩呱呱坠地的时候起，这家人便把她当作一项财产来看待。在这里，不论什么人，都认为这是天经地义的事。因此，从女孩生下之时起，一家人就盘算着怎样才能把她以更好的价钱卖给别人做妻子。

有一次，一个白人生下了一对双胞胎女孩，这时，黑人仆人就向刚刚做父亲的主人跑来祝贺："恭喜你，先生！现在你真的变成有钱人了啦！"

黑人对欧洲的生活感到最为神奇的地方就是：在欧洲，人们不用花钱就可以娶到妻子。施韦泽经常给黑人们讲自己家乡的结婚风俗，但是没有黑人愿意相信他，他们都认为施韦泽在说大话，欺骗他们。

施韦泽对这种情况倒是一点也不觉得奇怪。在黑人的故乡，根本不用工作就可以生活下去，他们之所以会离开故乡，到各处为白人做事，目的就是为了赚上一笔钱来买一个妻子。一般为了这个目标，他们需要从16岁起就外出工作。但是，即便在外面工作十年，甚至更久，积攒下来的钱，也不够他们买一个妻子。

钱没有攒够，但是已经到了结婚的年龄，他们只好用分期付款的方式来娶一个妻子。有的家庭，为了让儿子将来能够娶到妻子，在女孩只有六七岁的时候就开始预先付款，直到完全付完。付款一旦中断，女孩的家人便会接受他家的预付。如果将来女儿自然要嫁到他家，而他们还要想尽一切办法把之前付的款要回来。

更加复杂的问题就是，每次付款的钱数以及总计款额，还有每次支付的日期等，都没有确认。这样，即使是他娶到妻子，夫妻两个生活得美美满满的时候，娘家还可能会派人来告知他，钱还没有付清，必须在某日之前全部付清，不然就把他的妻子带回去。于是他就要四处筹钱，乖乖地给妻子的娘家人送去。

施韦泽在医院的时候就经常发现，有些病人或是病人的陪伴者，看起来总是无心做事，或是坐立不安的，这种情况就是为了挽留妻子而来借钱的征兆。凑足了钱，把款付给了妻子的娘家，这样才算得到了保证。万一付不出钱，那么等他在凑足之前，他的妻子就可能会在他不注意的时候，消失在他的世界中。

例如，他的妻子到河边去打水时，她的娘家人很可能就埋伏在河边，然后把她拉到独木舟上匆匆载走。就算她很爱她的丈夫，非常不情愿离开她的丈夫，但是她也不会反抗她的娘家人，顺从地被带走。在这里娘家对一个女人的权力就是如此之大，她也以为这是理所应当。做丈夫的只有把钱付清了，才可以把妻子带回来。

即便是钱付清了，他们结婚了，但是如果有一天，丈夫虐待了妻子，那么她的娘家也是随时都可以把她带回去的。做妻子的也有随时回娘家的权利，一年之间大概有三分之一的时间，黑人是过光棍生活的。如果他们有比较幼小的孩子，那么她会一起带回去，稍大的孩子就留给丈夫带。在妻子回来之前，他必须照顾自己和孩子。

结婚是一件非常麻烦的事，离婚也简单不到哪里。如果两个人要离婚，娘家就要退还全部的钱，但是这笔钱早就被花光了。这里的结婚风俗就是这么奇特，说是不幸，但是在施韦泽眼里，他们过得还是很幸福的。不过，这种婚姻的确是不自由的，更是不合理的。所以，有很多像约瑟夫一样的黑人，由于妻子逃走了，而再也不想花钱买妻子了，宁愿过着孤独的生活。

不过，绝大多数黑人还是愿意花钱买一个妻子的，而且为了赚钱，愿意放弃自由自在的生活，受雇于白人工作。黑人的自制力很差，而且不知道节俭，当他们领到工资后，就会很快花光。通常情况下，白人主人会发一半的工钱给他们，其余一半帮他们存下，直到他们回家时才全部拿出来给他们。但是往往在他们回故乡时，还是没有一分钱，就像他们刚来的时候一样，因为他们很难改掉浪费的坏毛病。

# 7. 神奇的白人巫师

在兰巴雷内有着很多特殊的风俗，在施韦泽眼里最为不幸的应该是与禁忌和巫术相关的迷信。黑人受这种禁忌的影响已经根深蒂固了，它无处不在地影响着黑人们的生活。他们深信，如果触犯了某种禁忌，一定会招来杀身之祸等不幸。

有些禁忌是特定的人群才要遵循。例如，保安族的禁忌是不能触碰变色的蜥蜴，不能用泥土来填埋坑洞，不能处理人或动物的尸体。因此，每当医院里有人死了，施韦泽请他们帮忙，他们甚至会下跪求情不做这件事。

还有一些个人的禁忌是在他们出生的时候，由他们的父亲决定的。例如，有的人不能用扫把，有的人左肩不能被打，有的人不能被打到头。有个小学生的禁忌是不能吃香蕉，一次他在学校吃了用锅煮过的鱼，吃完后，有同学告诉他，锅里还剩一些香蕉。这个小学生听后便全身痉挛，痛苦地挣扎几个小时后死亡。

这就是禁忌的可怕。但并不是所有人都不能打破这种禁忌，深受土人们信任或尊敬的白人，是可以打破这种禁忌的。土人们相信，在施韦泽的医院里，不管什么样的禁忌与巫术都是不能存在的。

对于巫术，在这片土地上也是常见的。在这里巫术是一种信仰，他们认为所有的东西都有神灵，而且这种神灵是强大的。

施韦泽认识一个已经丧失了几个女儿的女人，她坚信这是魔鬼在作祟。之后，她再生女孩的时候，就会说那是一个男孩，并给女孩取一个男孩的名字，把她当成男孩养，目的就是不让魔鬼发现她是一个女孩。结果，这个女孩真的被养大了。

它可以令人得到幸福，也可以让人陷入不幸。有个女孩的父亲因为爱慕钱财，把原本订下的亲事给推掉了。这个女孩不同意，父亲便诅咒她，如果嫁给了那个男人，她或她生下的孩子，一定会死掉一个。就在这个女人生下一个孩子后，她想起了父亲的诅咒。于是她决定自己死。她变得越来越瘦弱，不久便离开人世。

当然，他们对于祝福的话，也会深信不疑。他们会拿一些德高望重的传教士或官员的名字来给自己的孩子取名，这样一来，孩子就不会再受禁忌与巫术的侵害。因此，在医院出生的很多孩子，是以施韦泽的名字来命名的。

这样的迷信倒不至于有害，但是黑人们的这种无知总会给他们带来更大的不幸。每当他们遇到不幸或生病时，他们总是先怀疑是不是犯了某种禁忌，或是被诅咒了，于是他们便开始诅咒无辜的人。他们似乎无时无刻都生活在恐怖与不安中。

当地的人给施韦泽起了一个名字叫"奥甘加"，是巫师、神人之类的意思。

施韦泽可以解救不幸中的人们。土人们不懂生病是有原因的，认为那是由魔鬼所引起的。因此土人们非常害怕能做法的东西，相信那东西可以为所欲为，包括使人生病，给人治病。所以，每当他们有病痛就会去找巫师。现在有人懂得医病，他们就称为"神人"。而这个"神人"就是施韦泽。

一天晚上，施韦泽做完了一天的工作，正要回家休息时，有人来找他，说是前面有一个正在发疯的精神病人。施韦泽前去看到：一个老太婆被一群人绑在一棵高大的椰子树上。他下令把老太婆解下来，土人们战战兢兢地照施韦泽的话做了。老太婆被松绑之后，便拼命地扑向施韦泽，土人们被吓得一哄而散。她想抢走施韦泽手上的灯，但是被施韦泽按倒在地上，给她打了一针镇静剂。老太婆变得特别顺从，跟在施韦泽的后面走进了小屋，不一会儿便睡着了。这是一种周期性的狂躁型精神病，睡了两个小时之后，她就恢复了正常。

从那之后，土人们便认为施韦泽是个白人巫师，因为他连这样的精神病都能治好。

自从施韦泽治好了第一个精神病老太婆后，就经常有这样的人被抬进来。患病本身就是一种不幸，但是周围的人对他们施加暴行就会让其变得更加不幸。他们通常会被关进用竹子做成的兽笼中，但是用不了多久，他们就会打破这个笼子。这时周围的人们就会把他们捆起来扔进河里。施韦泽救回了几个这样的病人，但是施韦泽遇到的更多的是不管用什么样的药物都不能治好的病人。一天，一个被绳子捆得全身是血的疯子被抬了进来。施韦泽给这个病人打了几种不同的镇静剂，都没有效果。第二天，约瑟夫告诉施韦泽，他被下了毒，根本没有办法医治好。他会慢慢地衰弱，最后死去。事实证明，约瑟夫是对的。两周后，病人死了。施韦泽后来才听说，这个病人抢了别人的妻子，那位失去妻子的男人给他下了毒。在那之后，施韦泽的医院又送过来一些中毒的病患。

在这个地方有一些特殊的植物，吃了之后就再也不会饥渴，可以整日工作，不觉得疲惫。施韦泽很想知道关于那些草药或毒草的秘密，但是没有人肯告诉他。如果他们把秘密告诉了白人，就很有可能被毒杀。

# 8. 心灵的音乐

施韦泽计划编辑出版的纽约版的《巴赫》正在准备中，他会在工作之余整理巴赫的赞美诗。文化活动给予了施韦泽最大的鼓舞和力量，支持他进行现在的实践活动。

施韦泽原本是打算放弃哲学、神学以及音乐的，他认为，紧张的医疗工作，肯定不会有时间从事哲学、神学与音乐方面的活动，而且在兰巴雷内这个没有文明的小城很难开展活动。作为18世纪启蒙主义的信徒，施韦泽认为禁欲主义是丝毫没有意义的。慢慢地施韦泽又开始了他放不下的学问与音乐。

施韦泽一边不知疲倦地服务着非洲的土人们，另一边参加布道拯救土人们的心灵，引导他们行善。虽然施韦泽曾答应过巴黎传教协会的牧师们，来这里只进行医疗工作，绝不参加布道，但是到了这里之后才发现，巴黎的牧师们所担心的问题在这里就是多余的。而且这里的牧师们也非常欢迎施韦泽参加布道。

在施韦泽来这之前，几乎从没有人医治过土人们的病，所以施韦泽所带来的药物以及所给予的治疗，在这里都发挥了极大的作用。在教育方面，施韦泽的到来还影响了那些不懂礼貌的土人们，现在受过医治的人已经懂得拿谢礼了，医院的秩序也有了明显的改观。

施韦泽既不是看重名利的政治家，也不是社会活动家，他是最重视人类灵魂幸福的信仰家。与其说他现在所付出努力从事的事业，是在改善着土人们的生活状态，不如说他正在把正确的信仰传授给他们，让他们从迷信中醒悟过来。因此，每当施韦泽布道的时候，都会用最简单明了的话语来讲道，把心中满腔的热情与喜悦传递给土人们。

在准备来非洲时，巴黎巴赫协会送给施韦泽一份特别珍贵的礼物，一架特制的装有管风琴踏板的钢琴。施韦泽本已经打算不再触摸钢琴了。他一直坚信，如果他的手指和脚都变得僵硬了，那么他就更加容易放弃他的管风琴。但是，一天晚上，结束了一天劳累工作的施韦泽，拖着疲倦的身躯回到家里，他坐到了钢琴边，竟弹起了巴赫。突然，他觉得自己就像获得了解放一样。他意识到，音乐能让他得到真正的放松。这时的他，体会到了放弃音乐是毫无意义的行为。

音乐不仅不是障碍，反而有助于他保持心态平和，这样更有助于他的工作。现在健康不仅仅属于他自己，还属于那些等待他救治的病人。施韦泽觉得，一个具有精神需求的人，才能承受得住丛林中的孤独，才能保持勇敢和健康。

从那之后，施韦泽便下定决心，抽出一些时间用于研究学问和音乐。他打算利用晚上的时间重新把巴赫、门德尔松、法兰克等名家的作品再精细地研究一遍，不断完善自己。

每天繁重的工作，只允许施韦泽抽出半个小时来弹奏钢琴。通常一支曲子，施韦泽要花费几个礼拜甚至几个月的时间才能弹完。

但是，施韦泽喜欢这种感觉，对他来说这不仅是一种深入的学习，更是一种对心灵的慰藉。

第六章　被需要的和平

# 1. 第一次世界大战爆发

时光飞逝，施韦泽夫妇到非洲已经有一年的光景了。按照当地的气候，欧洲人在这里工作一两年后，必须到外地去修养一段时间。

现在的海伦娜非常需要这样的休息，她看起来已经非常疲惫了，而且施韦泽的健康也令人担忧，他的膝盖上出现了一处脓肿，这使他们感到有些不安。

就在这时，他们收到一封邀请函，这是一位叫傅利叶的先生寄来的。他是卡帕洛帕茨国外分店的职员，也是一位法国哲学家的孙子。不久前，在施韦泽的医院里，傅利叶夫妇的小儿子降生了。傅利叶先生听说施韦泽的身体健康出现了问题，为了感谢施韦泽的帮助，于是就邀请施韦泽夫妇前往卡帕洛帕茨。

施韦泽夫妇接受了邀请。这是施韦泽夫妇来到非洲的第一次可以休息的机会，即使它十分短暂。

对施韦泽夫妇来说，卡帕洛帕茨与兰巴雷内相比，简直就是天堂。这里的海风带着一股清新的香气，在这里人们可以非常惬意地呼吸着新鲜的空气。这在兰巴雷内是不敢想象的，丛林就像一道密不透风的墙一样，把潮湿闷热留给了这片土地和生活在那里的人们。

1914年8月4日，施韦泽夫妇结束了他们短暂的休息，回到了兰巴雷内。第二天，便传来了欧战爆发的消息。

其实，在施韦泽还没有动身来到兰巴雷内的时候，他就已经预见了战争的可能性，并在那时，把一部分钱换成了黄金缝在了大衣的里兜中，带到了非洲，这在当时是一种冒险行为。因为从1911年开始，德国的官员在发放工资时，就不以黄金支付了，黄金开始渐渐地退出流通。但是，施韦泽觉得身在困难当中的非洲人民，不该为欧洲人的愚蠢行为而受到干扰，便不顾海伦娜的反对，冒险做了那件事。事实证明，施韦泽是有远见的。

随着第一次世界大战的爆发，施韦泽和亲友们的通信也被迫中断。非洲虽然远离前线，但是这里也被战火波及。距离兰巴雷内不远，就是法属的加蓬和德属的喀麦隆的边界。由于施韦泽夫妇是德国人，所以被拘禁起来。

起初，施韦泽夫妇作为战俘受到了软禁，由加蓬士兵看管他们。他们的一切行动必须听从这些士兵的命令。因此，医疗工作只好告一段落。面对前来就医的病患，施韦泽也只能看在眼里，急在心里。至于为什么受到如此待遇，谁也说不清楚。

由于被禁止行医，也不能离开住所，施韦泽开始思考利用这段时间完成《使徒保罗的神秘主义》。但是施韦泽的思绪却被带到了遥远的欧洲，他总是在思考，现在的欧洲到底发生了什么事。

从受到限制自由的第二天开始，施韦泽开始写作《文化哲学》。这是15年前施韦泽在与格林的谈话中听到并受启发想到的课题。那时他把书名定为《我们模仿》。这些年，施韦泽一直在作相关的研究与笔记。四年前，伦敦的一家出版社曾要求施韦泽为英国写一本类似的书。

就在施韦泽写一些论述的时候，他听到了屋外的争论声。施书泽来到了阳台上，原来是约瑟夫和守卫争吵起来。一个病人要求做手术，但是守卫必须听从命令，尽管守卫知道这个命令是没有道理的。病人们慢慢地挤到了阳台附近。他们呼喊着，让施韦泽被允许继续给他们医治。但是这种许可也只有守卫的上司才能给予。施韦泽还不知道，魏多正在为此做着努力。

由于魏多的努力，以及病人们的抗议，施韦泽夫妇在1914年11月得到了一定程度的自由。他们可以继续为病人医治。这样一来，又可以在奥戈维河上看见送病人的独木舟了，而且，先前看守他们的加蓬人，也带着全家来到施韦泽这里，希望施韦泽可以帮助他们摆脱疾病的折磨。

值得庆幸的是，在战争开始前就已经出港的船，为施韦泽带来了相当数量的药品与绷带等医疗必需的物品，可以缓解一下燃眉之急。

如果战事拖长，医院肯定是无法维持的。一想到这儿，施韦泽便忍不住担心起来。

# 2. 坚守信念 追求真理

在施韦泽被拘留的那段日子里，虽然他的行动受到了限制，但是他的思想并没有受到任何影响。施韦泽被迫休息的日子，让他有了更充足的时间研究学问，现在他可以不被打扰，坐在书桌前随心所欲地阅读、思考以及写作。

于是，施韦泽决定好好利用一下这个机会。他开始思索人类文化的问题。人类是有文化的，而且也因此感到无上的光荣。人类也经常感慨说是拜文化或文明所赐，才能过上如此高水平的生活，甚至领导世界。尤其是白人，更是对此尤为重视。在很久以前，施韦泽就对这种观念产生了怀疑。

欧洲在物质文明方面有着令人羡慕的成绩，值得骄傲。火车、轮船、飞机等事物的发明，使人们的生活发生了很大的改变。欧洲人在亚洲、非洲等地，类似于强盗般地掠夺着他国的土地，以此来享受安逸的生活。只图享乐，思想堕落，终日醉生梦死，理想的火焰正在渐渐熄灭，但大多数人却没有注意到这一可怕的事实。正因如此，人们的贫富差距越来越大，富人悠闲地享受着生活，穷人的生活十分艰难。

施韦泽想起了战时的报纸，此时的德、法两国在报纸上表现得惊人一致，职业宣传家的文章、一些丧失了道德的法律学者、满身铜臭味的作家，他们还自以为是地认为自己是人道主义者，但是他们的行为已经出卖了他们的人格，成为一个个极端的民族主义者。想到这些，施韦泽就更加坚定了自己的信念：战争是文化衰落的现象，而且文化正处于严重的危机中。但是这危机并不是战争所引起的，而是物质发展的速度过快，它已远远超过了精神的发展。

文明的进步，应该是为了让人能获得更多的幸福生活。但这种幸福，绝不是建立在物质基础之上，应该是精神，只有每个人和社会在精神上追求进步，那才是真正的进步。

现在的社会，物质文明飞速前进，它已迷惑了人们的心灵，人们只注重追求物质上的进步。物质文明一日千里，而思想却无法紧随其脚步，因此便形成了现在的局面。人类正在受物质控制，而不是控制物质。起初为了人类的幸福而发展的物质文明，现在却被控制权力的个人或国家所利用，结果让人类陷入不幸。

施韦泽并没有把战争和人们的苦难混为一谈。但施韦泽是讨厌、憎恨战争的，并以自己的方式反对着战争。

不过现在身为俘虏的施韦泽，命运还操控在别人的手中，不要说写完这部巨著了，没准连辛辛苦苦写下的文稿都有可能会被没收。但是他的良知不允许他停下笔来。

施韦泽开始写《文化哲学》这本书。开始，施韦泽是按照自己的观点，结合各种材料，来分析文化堕落的原因，同时指出第一次世界大战就是由于现代文明步入歪路引起的。虽然施韦泽已经非常疲劳了，但是他还是不停地写作，以至于在无意中，他已写下很多遍"极度的疲劳"等字句。写上一段时间后，施韦泽遇到了困难。他的哲学思想需要寻找新的突破口，这时一个观念浮现在施韦泽的脑海中：不能只批判现代文明的堕落，而要致力于新文化的建设。如今的人们一味地追求物质上的进步，认为已经不再需要伦理的思想，这是严重的错误。无论如何，精神和伦理的思想一定要占上风。事实上，唯有追求伦理目标，才能尽情地享受物质进步带来的快乐。因此，一个新的包含真正伦理文化理想的世界观，在他的书中逐渐形成新的观点。为了实现这个目标，他必须要从分析整个世界哲学史开始做起。

于是，施韦泽开始拼命研究各个国家的圣贤以及思想家的思想。印度思想家的世界观是否定世界和人生，古希腊斯多葛主义虽然曾尝试着肯定世界观和人生观，但都止于听天由命。除了以耶稣的行动伦理为基础的思想以外，欧洲中世纪的世界观也都是否定世界观和人生观。文艺复兴肯定世界观和人生观，并接受了耶稣爱的伦理，可以说它也是伦理的。正是由于这种主张物质和伦理共同进步的世界观，才形成了如今的欧洲文化。与近代欧洲伦理的肯定世界观和人生观类似的，就只有扎拉图斯特拉以及孔子、墨子等伟大中国思想家的思想。

尽管思索了很多，也受益颇多，但是始终无法解决施韦泽眼前的问题。此刻的施韦泽感到了茫然，努力写作中的《文化哲学》必须要停下来。

# 3. 困境中奋进

随着战争的爆发，施韦泽也遇到困境，在兰巴雷内真正困难的一年开始了。

海伦娜似乎已经累了，也帮不上施韦泽什么忙了，施韦泽只好自己忙碌着。不过这也没什么，只不过比平时更加忙碌了一些。让他感到绝望的是，欧洲的战争正在波及兰巴雷内这个小地方。药品用完了，现在根本不用希望再从分裂的欧洲那里送来药品或是任何东西。当欧洲的死伤人数以万计的时候，谁还会想到这里。

战争正在向兰巴雷内逼近。最开始是这里最重要的木材生意突然停了，因为已经没有船只可以用来运送木材。因此，原本靠砍伐树木为生的土人佣工们面临着失业。除此之外，同样是由于船只不足，原本该由欧洲运进来的糖、茶叶、煤油等一切生活日用品在逐渐减少，货物短缺造成了价格飞涨。这种现状，为施韦泽的生活带来了很大的影响，也给当地的土人们带来了沉重的打击。

更加糟糕的是粮食的短缺。不巧的是，有一群野象来到兰巴雷内，一个个香蕉园遭到无情的侵袭。这种野象对农场的威胁很大，一二十头野象，就可以在一夜之间把一座偌大的香蕉园夷为平地。

因此，医院里可以给土人们吃的香蕉越来越少了。粮食是可以补给一阵子，但是存量也在日益减少。没有人知道什么时候才能运来下批粮食。木薯早已绝迹。

圣诞节来临，这也是战后的第一个圣诞节。施韦泽用一棵小树简单地装饰了一下，当作圣诞树。施韦泽点上了一支蜡烛，在这个凄凉的圣诞夜大家互相送上了祝福。蜡烛燃烧到一半时，施韦泽把它熄灭了，谁知道明年是否还能用得上呢。施韦泽不相信人类会马上觉醒，但也不认为有什么世界末日。对此，他还是比较乐观的，他相信文化一定可以再生。于是他把夜间写的书命名为《文化的衰落和重建》，这是施韦泽重要的哲学著作《文化哲学》的第一部。

新年来临，是痛苦的延续。一场大雨的偷袭，使最大的一栋病舍的基地被冲毁。施韦泽只好想办法，筑一道石墙来围住这栋病舍，并在周围挖了一条排水沟。一连四个月的工期，施韦泽都要督促懒惰的土人们加快进度。

工作刚刚结束，好不容易松了一口气。可是施韦泽却发现白蚁已经把盛药品与绷带的木箱蛀得一塌糊涂。在表面上虽然看不出什么，但施韦泽已经闻到了那种特殊的焦味。在热带，这种白蚁往往可以造成难以预料的严重后果。还好及时发现了，没有遭受太大的影响。但是为了消灭这些白蚁，他又花费了几个礼拜的时间。

让施韦泽遭受损失的还远不止这些。面粉和充当鸡饲料的玉米生了虫了，也为施韦泽带来不小的损失。还有一大群蚂蚁迁徙过境，大鸣角笛，因此招来很多土人，他们用消毒液当作武器，与蚁群展开一场大战。

这种蚂蚁的体形较欧洲蚂蚁的小，但是嘴巴却更加有力。它们排列成几队，并列向前移动，所经之处，所有动物都会在转眼间被吃得只剩一把骨头。

不幸的是，施韦泽的家正好在它们途经的路上。蚁队竟然前行了36个小时才得以通过。而在夜里，施韦泽听到了鸡的惊叫声，可是当施韦泽赶到鸡舍时，已经来不及了。

在经济上，施韦泽也面临着前所未有的危机，他只好削减约瑟夫的工钱。尽管施韦泽向约瑟夫说明了理由，但是约瑟夫还是表示要辞职。他在一个白人家里当厨师时，每个月可以拿到120法郎，但在施韦泽这里每个月只有70法郎，不过他倒没觉得怎么样，因为他还是比较喜欢这份工作的，也一直勤勤恳恳。在战争爆发之后，就连这么微薄的工资也没有办法照付了。这种待遇使他无法在患者和家人面前抬起头来，他的尊严不允许他只赚那么少的钱，并且他还想娶一个妻子。

万般无奈之下，施韦泽只好同意了约瑟夫的请求，并把为约瑟夫攒下的两百法郎给了他。于是约瑟夫离开了施韦泽，回到了对岸的父母家。就在约瑟夫离开施韦泽的几个星期后，他省下来的两百法郎被挥霍一空。

医院的经济状况一天不如一天，不仅欧洲的援助中断了，原本每月还可以在一些不太贫穷的病患那里拿到二三百法郎的医院费，现在也无法拿到了。因为战争使土人们失去了收入，现在已经没有一个土人能支付得起医药费。施韦泽只好又开始免费给土人们医治。

同样由于受战争的影响，原本来这里工作一两年就要回欧洲修养一阵子的白人们，现在也没有办法回去。有些人已经有四五年没有回去，他们的身体已经不允许他们继续工作，这些白人也只好来到施韦泽的医院，进行简单的休整。每当有白人到来，施韦泽便让出自己的住房来招待他们，自己则在回廊上过夜。虽然粮食的存量在减少，但是施韦泽还是会尽可能地款待他们。

这是施韦泽来到兰巴雷内度过的最困难的一段时间。海伦娜的健康实在让人担忧，他们必须前往海滨城市卡帕洛帕茨修养一段时间。

# 4. 敬畏生命

　　尽管施韦泽的身体非常强健，但也无法抵住长期在热带的生活。从医院回到家中，只有一段斜坡，大概四分钟左右就可以到达。最近一段日子，施韦泽总是觉得怎么也走不完这段路似的。他知道，自己这是热带性贫血的症状。而且严重的神经衰弱也让他很难受。海伦娜的情况还不如施韦泽。

　　施韦泽夫妇的牙齿都不如从前那般，可是这里除了他们，就没有任何医生了，所以他们只好互相医治对方的牙齿。

　　即使是如此的疲劳与艰难，施韦泽还是放不下他的学问。每天晚餐后，他都要继续撰写《文化哲学》。施韦泽的书桌就放在通向回廊的门旁，傍晚时分，偶尔会有徐徐微风吹来，院子里的椰子树随着风沙沙作响，虫儿们也不时凑着热闹地鸣叫，偶尔丛林中传来的一些奇怪的声音。回廊里，施韦泽收养的一只小狗正趴着休息，时不时地发出点声响，还有一只调皮的羚羊像是玩累了似的，舒服地躺在施韦泽的脚边。在这样的夜晚，思考人类文明的问题是再适合不过了。

　　想到人类的过去与未来，让施韦泽不由自主地感受到，一切近代的都市文明，虽然在表面上光鲜亮丽，但实际上毫无意义可言。施韦泽控制着自己的思绪，让它集中到更本质的事物上。但是，能满足他所追求的观念，能成为他文明哲学的关键的思想，始终没有出现。

　　到了1915年9月，海伦娜的病情进一步恶化，施韦泽夫妇必须前往海滨城市卡帕洛帕茨休整一阵子。那里清新的空气、适宜的气候对施韦泽夫妇来说还是比较有效的。渐渐地，他们的身体都有所恢复了。

休整了一阵子之后，施韦泽要前往恩戈莫，为一个传教士的妻子彼洛特太太治病。施韦泽要乘船走上两百里的水路才能抵达。施韦泽能找到的交通工具只有一艘就要起航的小汽船。

汽船缓缓航行。现在正值旱季，汽船必须在大沙漠中寻找水路。施韦泽坐在船上，他打算在整个航行中思考一种新的文化，它应该比现在的文化更具伦理深度。为了能集中地思索这一问题，施韦泽逐页地写着不连贯的句子。疲惫和迷惑仍是施韦泽最大的敌人。

第三天傍晚，施韦泽所乘坐的汽船行驶到了伊跟德伢村附近。在这里，汽船必须在一公里多宽的河中沿着一个岛向前行进。在沙滩的左边，有几只河马和它们的幼崽正在向前游动。突然一个概念出现在了施韦泽的脑海里——敬畏生命。施韦泽可以确定，这个词就是一直令他努力思考的问题的答案。这是之前从未听过的一个词，它不该只涉及人与人之间的伦理学，而且应该与一切存在的生物产生联系。关心它们的命运，在力所能及的范围，尽量不伤害它们，在它们遇到危险时，给予帮助。这种从根本上完整的伦理学具有完全不同于只涉及人的伦理学的深度。

长期的探索终于找到了理想的答案。施韦泽甚至记住了奥戈维河中的那个地方，正是在那里，他找到伦理学的核心范畴，那就是敬畏生命。

敬畏生命，就是认识到生命的尊严与可贵，并珍视生命，在生命面前保持谦恭与畏敬。人们必须将生命的意志，当作是神圣的东西，给予积极的肯定与尊重。并且还应记住，这种生命的意志不是人类专有的，一切生物都有。明白了这一点，那就要彻底做到把对生命的尊重及于其他一切生命。从此，便产生了敬畏生命的观念。

虽然这么说，但是在现实生活中，总会有一种生命为了生存下去不得不牺牲其他生命的现象发生。就好比，人类为了生存必须依靠食用某种植物或是动物，这是不可避免的。施韦泽认为，即便如此，那也是一种对生命的渎视。因为不可避免，便觉得那是想当然，这是一种严重的错误，因为那是对生命意志的否定。这样一来，当人类的生命遭到对方的否定时，也是一种必然。现在的人们已经丧失了对生命的敬畏，不再以破坏生命而感到罪恶，变得积极冷血，这就是为什么现代社会战争频发的原因。

即便是一定要牺牲其他的生命，人们也要保持对生命的敬畏。应当深感内疚与罪恶，来面对不得不牺牲的生命才是。因为人类的生命建立在牺牲其他生命的基础上，所以人们要尽可能地为它们付出一些，让它们少受一些苦难。

如果能做到这点，那么世上的罪恶一定会减少甚至消失，幸福与和平的未来一定会到来。虽然进行得缓慢，但这才是人类真正意义上的进步，朝着这个方向走下去，才能阻止人类的灭亡。

《文化哲学》的骨架一点点得到了建立。在预想中，施韦泽把近来思考的想法写成四部分：第一部分《文化的没落与重建》，主要探讨现代文化走上灭亡之路的原因；第二部分《文化与伦理》，从哲学的角度阐述敬畏生命的观念，论证伦理地肯定世界和人生的世界观；第三部分《敬畏生命》系统地阐述敬畏生命的世界观；第四部分，讨论文化国家的问题。施韦泽，写这本书需要大量的哲学著作，幸好有日内瓦的国际组织、苏黎世的朋友可以把这些书寄给他。

第一部分与第二部分都及时地完成了，但其余两部分一直未能写成。不过第三部分的原稿已粗略完成。

# 5. 离开非洲

施韦泽夫妇已经在非洲工作了3年多，现在的他们已经无法适应兰巴雷内的气候了。因此在1916年至1917年的雨季，他们必须再到卡帕洛帕茨休整一段时间。很庆幸的是一位木材商人愿意为他们提供住所。

1917年9月，施韦泽夫妇的健康有了明显的好转，于是他们便决定回到兰巴雷内。施韦泽一直放心不下那里的病人，他们在等待着他回去。

回到兰巴雷内后，施韦泽继续进行着他的治疗工作。在一天，施韦泽接到了从利伯维尔传来的一道命令：法国殖民当局决定对施韦泽夫妇采取严厉的限制措施，他们必须搭乘下一班船返回欧洲。幸好是船来晚了。

在传教士和土人们的帮助下，施韦泽夫妇整理好他们的物品，并把它们装进箱子，放进小屋中。这样，在他们回来的时候就可以继续工作了。施韦泽一直坚信着有一天他还会回到这里，继续从事他的服务事业。

他也意识到，在如此混乱的情况下，随身携带大量哲学手稿，是非常不明智的抉择，那可是他最大的财富。于是，施韦泽决定把手稿交给英国传教士福特先生。福特先生非常诚实地告诉施韦泽，他认为哲学是有害而且多余的东西，最好把这些手稿扔进奥戈维河中，但是出于基督教的爱心，福特先生还是答应了施韦泽的要求，好好保存它们，战后再还给他。把手稿交给福特先生之前，施韦泽还忙碌了两个晚上，为已完成的部分作了概括性的摘要。

为了可以顺利地把摘要带走，施韦泽还得想些办法。首先绝对不可以用德文写，否则他在第一个海关那里都不能通过。因此，他用法文作了摘要，还在每一章加了一个法文的标题，让人确信它只是一本研究文艺复兴时代的书而已。

施韦泽几乎已经把所有物品都收拾好了，手稿也交到了福特先生的手里。这时，一群土人匆匆忙忙地抬来了一个骨折的病人，病人被放下之后，疼得在地上打滚。海伦娜看到这种情形，便默默地打开了装有手术器械的箱子。于是一个紧急的手术就在大大小小的箱子中进行着。

当汽船抵达兰巴雷内，这就意味着施韦泽要离开生活了4年半的土地。不幸的是，他们是以俘虏的身份离开的，传教办事处的人被禁止为他送行。突然，一个非洲老人跑到施韦泽夫妇面前，跳起了一种很古老的非洲舞蹈，表示对施韦泽夫妇最衷心的感谢。

施韦泽夫妇由一个加蓬士兵押上了汽船。许多土人在岸边为他们送行，用各种语言说着祝福施韦泽夫妇的话。随着汽笛声响起，岸边传来了一片哭声。虽然就要被带回欧洲，但是他的心永远留在了这片土地，他坚信总有一天他会再一次回到这里。

船在卡帕洛帕茨停留了一会儿，施韦泽曾救治过其妻子的一个白人偷偷来到船上，送一些钱给他。不过施韦泽还是拒绝了，因为四年前他带来的黄金，最近以有利的价格换了一些新的法国纸币，然后把这些纸币小心地缝进了衣服里，就像四年前来的时候一样。

在汽船上，除了指定的服务人员，施韦泽夫妇不能接触任何人。在半路上船遇到了危险，他们遭到了一艘德国潜艇的袭击，幸好鱼雷没有击中目标，他们得以安全地抵达法国。

10月初，施韦泽夫妇被关进里波尔多的一个兵营。与非洲相比，欧洲简直干净极了，但是施韦泽的身体并没有得到很好的改善，反而有些糟。在这里，施韦泽患上了痢疾。不久之后，施韦泽夫妇被带往加赖松的一个修道院（现在，那里已经成为一个关押敌国贫民的拘留所。）由于那里空气清新，施韦泽夫妇感觉好了很多。

在这里关押着来自世界各地的各种各样的人，施韦泽是唯一一个医生。起初，拘留所所长不让施韦泽接触病人，因为这不是他的职责。后来，他放弃了这一决定，甚至特意为施韦泽准备了一间房间。对于热带病，施韦泽的治疗特别有效，幸好他随身携带着所需的医疗器械和药物。

这样，施韦泽又开始了行医之路。在空余时间里，他依旧努力地写作《文化哲学》，偶尔也会利用桌子模拟练习管风琴。施韦泽在拘留所要做的事越来越多，由于拘留时间的延长，来求医的病患也越来越多。此外，施韦泽还利用这个时间，学习许多新的东西。在这里被拘留的人，从事着各个行业，施韦泽跟他们学习有关银行、建筑、磨坊建造和磨坊业、谷类种植、炉子的建造等方面的知识。

施韦泽夫妇在拘留所里过得还算不错。1918年春，突然接到命令，施韦泽夫妇要被转移到圣雷米省一处为阿尔萨斯人建立的特殊拘留所。这真是一个令人讨厌的命令，施韦泽夫妇提出了请愿，希望可以留在这里，但是并没有得到批准。

圣雷米的拘留所原本是一所照料精神病人的修道院，房舍破败，里面很冷。当施韦泽来到这里时，仿佛有种似曾相识的感觉。施韦泽试图回忆曾在哪里见过这个铁制暖炉，它的烟囱同整个房间一样长。最后想起来，是在梵高的画里，原来梵高也在这个修道院中住过，并把眼前的一切收录在了他的画作中。

想到这时，施韦泽便觉得这简陋的房间似乎有了些许特殊的亲切感。拘留所的所长是一个非常温和的人，他还试图让施韦泽夫妇留在这里，但是这里冰冷的一切都使施韦泽夫妇感到不舒服，他们的健康状况也越来越差了。

施韦泽尽量不让自己的意志消沉下去，他开始继续研究他的著作。

1918年6月，施韦泽夫妇得知，不久之后，他们将与法国战俘交换，通过瑞士遣返回国。

# 6. 回到故乡

在得知会被交换返乡之后的一个月，一份电报唤醒了正在沉睡的被拘留的人们，施韦泽夫妇等人作为战俘就要被交换回去。终于要回到可爱的故乡，施韦泽的心里十分激动。

被拘留者的物品必须经过严格的检查，幸好施韦泽预先把《文化哲学》的手稿交给了拘留所负责检查的人员，在手稿上留下了必要的证明，此书与政治无关，顺利地通过了检查。

施韦泽一行人先被带到了塔拉斯空的一个空仓库，在那里等待接运他们的火车。由于圣雷米阴凉的房间，施韦泽夫妇的身体变得更加虚弱，但是他们的行李却比任何人都多。当火车驶来时，一个曾得到过施韦泽救治的年老的残疾病人，主动要求帮助施韦泽，因为他什么东西也没有。施韦泽心想，以后在旅途中一定也要帮助行李多的人。施韦泽是这么想的，也是这么做的。

火车一路驶向瑞士，走走停停，不断地增加着新的车厢，直到边境，才彻底地停了下来。同时，对方的火车也抵达了这里。

　　1918年7月15日，施韦泽夫妇抵达了苏黎世。神学教授阿诺尔德·迈耶和歌唱家罗伯特·考夫曼来迎接了他们，这让施韦泽夫妇感到十分高兴。在整个战争期间，他们一直在为身在兰巴雷内的施韦泽收集并寄去有关哲学方面的著作。

　　之后，施韦泽夫妇来到了德国的边境城市康斯坦茨。在这里，施韦泽夫妇看到了传闻中被折磨得消瘦、苍白的人们。海伦娜的父母也来到了康斯坦茨。海伦娜得到了许可，可以立即前往斯特拉斯堡。施韦泽还要等待办完所有手续。

　　几天后，施韦泽好不容易到了斯特拉斯堡。战争没有结束，为了预防空袭，晚上的斯特拉斯堡就像是一座死城，四处漆黑。海伦娜的家在城郊，施韦泽到不了那里。在这里施韦泽又结交了很多的朋友。当施韦泽看到神学院的房子时，心情有些激动。

　　根斯巴赫现在还处在战争区域，因此，火车只能到达科尔马，这就意味着施韦泽必须走十五公里的路才能达到根斯巴赫。在这里驻扎着双方的炮兵部队，到处都是建造的防卫工事，原本宁静美丽的山谷被炮弹摧毁得一片狼藉。茂密的森林也变得光秃秃，熟悉的山路面目全非。施韦泽还能听到远处传来的炮声。

　　历经千辛万苦，施韦泽终于回到了家里。施韦泽的父亲很健康，依旧为村民们忙碌着，但是施韦泽再也见不到他的母亲了。1916年7月，德国军队的马受了惊吓，踏伤了她，不久便离开了人世。

　　施韦泽原本以为家乡的一切可以使他的身体状况得到改善，但是身体却越来越糟糕。8月的一天，施韦泽开始发高烧并感到腹部非常疼痛，他知道自己患上了痢疾，应该马上动手术。在海伦娜的搀扶下，他们艰难地走了六公里，终于坐上了车。9月1日，施韦泽在斯特拉斯堡接受了斯托尔策的帮助，做了手术。躺在医院里的施韦泽，心情仍很沉重。经济问题一直困扰着施韦泽：海伦娜要生孩子了，而且自己在外面还欠着很多钱。过段时间，无论如何要挣点钱。

施韦泽康复之后，大学时代的老朋友、现任的斯特拉斯堡市长施瓦德，为施韦泽提供了一个市民医院助理医生的位置。之后，他又接任了圣尼古拉教堂的助理牧师。现在生活总算有了着落，但政治局势依旧十分动荡。

1918年11月，令人厌恶的战争终于结束。阿尔萨斯再次移交给法国。直到1920年1月，随着《凡尔赛协定》的生效，施韦泽成了法国公民。

大约有两年的时间，施韦泽没有离开斯特拉斯堡，在这里他忙着助理医生与助理牧师的工作，音乐上也没有放弃，《文化哲学》的写作也开始恢复，不过受战争影响，这些著作要想出版可能渺然无期。

即使是在非常艰苦的环境下，施韦泽也不忘救济一下贫困的人们。他经常背着满满一袋食品，到莱茵桥去帮助他人。那时的德国人还在遭受着缺乏粮食的困扰。受到施韦泽帮助最多的是柯西玛·瓦格纳夫人与上了年纪的画家汉斯·托马等朋友。

1919年最值得高兴的事，是在1月14日，也就是在施韦泽44岁生日那天，海伦娜生下了一个女儿，他们为其取名"赖娜"。除了这件令人兴奋的事外，这一年对施韦泽来说是比较艰难的。施韦泽继续编撰着巴赫的《合唱序曲集》，并等待着在兰巴雷内把已经编好的最后三卷寄过来。关于《文化哲学》的手稿并没有寄过来。夏季，施韦泽的健康状况变得有些糟糕，他不得不接受第二次手术。

躺在病床上的施韦泽百无聊赖，甚至觉得自己就像是一枚硬币，掉进了箱子的最底层，慢慢地就会被人遗忘。为了不让自己意志消沉下去，施韦泽担任了一个新教教会《信使》杂志的编辑。之后，施韦泽参加了圣尼古拉教堂的布道，并在这里首次向人们阐述了关于敬畏生命的想法。

1919年秋，著名的瑞典大主教那坦·瑟德布罗姆开始关注施韦泽，但是施韦泽并不知晓这件事情。

1919年10月，施韦泽迎来了希望的曙光。施韦泽收到了来自西班牙朋友的邀请，请他去参加巴塞罗那的音乐会。在那里他的管风琴演奏得到了空前的成功，这让施韦泽觉得在兰巴雷内空洞的夜晚研究巴赫还是非常有用的。从西班牙回到家后，施韦泽似乎又找回了他的信心，又开始他的《文化哲学》的研究。

不久，施韦泽等到了真正的转机。

# 7. 命运的转机

幸运终于来临了。1919年圣诞节前夕，施韦泽接到了一封来自瑞典的信，用红色信封密封，这表明是一封来自官方的信。瑞典大教主那坦·瑟德布罗姆终于找到了施韦泽，邀请他们夫妇共同前往他的家里作客。瑟德布罗姆还要求施韦泽，在1920年复活节后立即前往乌帕撒拉大学作一场演讲，题目由施韦泽自己拟定，内容只要与伦理问题相关即可。

施韦泽一直思索的有关伦理与文化的问题，终于有了可以发表的机会。这对施韦泽来说，真是幸运极了。自战争爆发以来的几年中，今年的生日是施韦泽过得最为高兴的一次。

1920年春，施韦泽夫妇前往瑞典，4月20日，抵达乌帕撒拉。休息片刻后，他便开始了题目为《哲学和世界宗教中国的伦理与肯定世界、人生的问题》的演讲。由于他有着与非洲土人们打交道的经验，熟悉跟翻译之间配合的问题，因此，整个演讲进行得非常顺利。这次演讲也引起了很大的反响，施韦泽甚至觉得自己酝酿多年的思想终于在这里产生了共鸣。

在瑟德布罗姆大教主家，施韦泽夫妇受到了热情的接待。也许因为近来的心情不错，施韦泽夫妇的身体状况有了很大程度的好转。瑟德布罗姆十分体贴人，又极聪明，他看出施韦泽有些问题并不是十分愿意开口。作为一个经验丰富的忏悔牧师，让施韦泽开口也实在不是一件容易的事情。在散步中，施韦泽向瑟德布罗姆说出了心里话，关于兰巴雷内的事情。

施韦泽清楚地知道，自己正在走的这条道路是多么的艰难。摆在他面前最困难的问题就是关于财政。直到现在，他还没有还清在兰巴雷内行医所欠下的债。瑟德布罗姆告诉施韦泽，解决这个问题是很困难的，但不是不可以，也许，瑞典就可以帮助施韦泽。瑞典没参加过第一次世界大战，因此变得比以前更加富裕，人们也变得更加慷慨。可以举办一次巡回演讲，加上管风琴音乐会，参加演讲和音乐会的人应该为非洲丛林中的人们捐些款。

瑟德布罗姆大教主为施韦泽确定了路线，并向各个城市发出了推荐信。一名神学系的大学生——埃里阿斯·瑟德斯特罗姆自愿陪同施韦泽，做他演讲的翻译员。这位年轻的大学生深受施韦泽思想的感召，并声情并茂地翻译着施韦泽的演讲词，人们很快便忘记了他们是在听着一个经过翻译的演讲。这次巡回演讲之后，瑟德斯特罗姆也放弃了他的学业，到一个遥远的传教站去了。不幸的是，几年之后，他就在那里遇难了。

同年，施韦泽与苏黎世开始了通讯联系。苏黎世神学院对施韦泽的神学研究给予了高度的评价，还授予了施韦泽名誉博士学位，并邀请他去苏黎世任教。对于这个十分诱人的职位，施韦泽仍是放弃了，因为在施韦泽的心里还牵挂着兰巴雷内的一切。

同年6月，施韦泽夫妇回到了根斯巴赫。由于演讲的成功，现在施韦泽又充满了战斗力。现在他开始写作关于非洲生活的图书，由于出版社为这本书规定了一定的字数，施韦泽竟然从中发现，这种强调字数的方式，可以让他的写作更加简洁，这为他后来的写作奠定了很大的基础。

1921年，他撰写出版了《水和丛林之间》的瑞典语版图书。不久，德语版也出版了，页数由原来的四百多页增加到八百多页，随后英语版、荷兰语版、丹麦语版、芬兰语版也相继在各国推出，施韦泽的名字又一次响彻全世界。经济问题得到了解决，施韦泽便辞去了助理医生与助理牧师的工作。他一方面继续到欧洲各地去巡回演讲与进行管风琴演奏，另一面研究哲学著作。战争时期留在兰巴雷内的手稿，终于被寄回来，施韦泽又开始写作《文化哲学》。

夏季，施韦泽再次前往巴塞罗那，这次他要在西班牙首次上演的《巴赫马太受难曲》中担任管风琴的演奏工作。从巴塞罗那回来之后的整个夏季，施韦泽决定要倾尽全力完成《文化哲学》。

1921年初秋，施韦泽在瑞士作了关于伦理、宗教以及原始基督教等问题的演讲。11月，他前往瑞典作演讲和举行管风琴音乐会。接着，他又从瑞典前往英国，虽然是第一次前往英国，但是在那里他已经有了很多的朋友和他的思想的跟随者。他在牛津大学和伯明翰大学作了哲学演讲。随后，他还在伦敦举行了管风琴音乐会，并在伦敦大学和剑桥大学作了演讲。这次旅行，施韦泽为兰巴雷内的事业赢得了许多支持者，并赚上了一笔不小的收入。现在施韦泽的名字，在欧洲大地上已经家喻户晓了。

1922年夏，施韦泽又回到根斯巴赫写《文化哲学》，第一部《文化的衰落和重建》已经印好。秋季，施韦泽在瑞士举行巡回演讲。冬季，应哥本哈根大学的邀请，施韦泽前往丹麦作演讲与管风琴演奏。

1923年元月，施韦泽收到了捷克斯洛伐克的邀请，随后，施韦泽便从丹麦前往布拉格，在那里他赢得了许多朋友与跟随者，其中奥斯卡·克劳斯是第一个探讨施韦泽神学与哲学思想的理论著作的作者。施韦泽还与布拉格大学的维特涅茨教授探讨了印度哲学。

这一年，《文化哲学》的第二部——《文化与伦理》出版，施韦泽为此做了一个序言，表达了他对人类未来的信仰，以及要为此做出伦理努力的想法。另外，以在英国的演讲为主要内容的《基督教与世界的宗教》在英国出版了。1924年，该书在慕尼黑、伯尔尼相继出版，其中主要论述了基督教与其他几大宗教，如佛教、印度教等的异同。1924年，施韦泽还出版了自传《我的青少年时代》。

现在施韦泽已经不需要再为了经济问题而烦恼。这一段时间的演讲与管风琴演奏以及出版著作的收入，已经帮助施韦泽还清了欠债，而且也为在兰巴雷内的事业攒了足够的钱。施韦泽决定重新回到兰巴雷内去，他开始采购药品、医疗用品和一些必要的生活用品。

在忙于各种工作的同时，施韦泽还学习了妇科、热带医学等几门医学课程。虽然施韦泽的健康还没得到完全的恢复，但他还是执意买了第二年初前往非洲的船票。施韦泽的49岁生日看来又要在大大小小的箱子中度过了。他感到非常兴奋，因为那里有他的梦想。

施韦泽回忆几年来的经历，不禁感慨万千。在最初前往非洲时，他已经做好了三个牺牲的准备，放弃管风琴、学术和失去在物质方面的独立性，之后只能靠朋友的帮助生活。但是，现在这一切都得到了补偿。

巴赫协会送给施韦泽的钢琴，可以让他在非洲寂静的夜晚里弹奏，深深地沉浸在巴赫作品的精神中，以至于施韦泽再回到欧洲时，仍是以一个艺术家的身份来弹奏管风琴。在学术方面，虽然施韦泽放弃了斯特拉斯堡大学的教学工作，但是通过给世界各地的大学作演讲得到了补偿。对于暂时靠朋友生活的状况，也通过管风琴和笔争取了回来。这三个牺牲得以避免，深深地鼓舞了施韦泽，让他坚持继续前往非洲实现他的梦想。

第七章　非洲需要我

# 1. 重返非洲

1924年2月14日，施韦泽离开了斯特拉斯堡，前往非洲。这次，由于健康不允许，海伦娜未能陪在施韦泽的身边。不过还好，一名牛津大学化学系的学生——诺埃尔·基勒斯皮作为志愿者要陪同施韦泽前往兰巴雷内工作几个月，这多少让施韦泽觉得不那么寂寞。

这些年，施韦泽收到了来自世界各地追随者的来信。对待这些已经成为负担的信件，施韦泽觉得自己有义务认真回复。由于临行前几个月，施韦泽一直在忙碌回非洲的准备工作，因此未能及时回复这些信，他想把这些信带上。因为这个决定，在施韦泽的行李中多出了整整4个土豆袋的信。当时的法国是严禁纸币出境的，所以最初海关官员在验收时认为这是一个计谋，便叫人查看这些信件，一个半小时后，他们才无奈地放过施韦泽。

施韦泽的事业终于受到各界人士的关注，而那些信就是最好的证明。

重返非洲使施韦泽异常的兴奋。2月21日，施韦泽乘坐的奥列斯特号缓缓出发。经过一段时间的航行之后，奥列斯特号驶过了一个个熟悉的码头。复活节时，奥列斯特号抵达了卡帕洛帕茨，随后便是奥戈维码头，施韦泽又回到了水和丛林之中。充斥着这古老土地的依旧是贫穷。施韦泽仔细观察后发现，贫穷是因为这里丰富的林业资源，殖民统治的目标与真正的文明是背道而驰的，他们看重了这里珍贵的林木，于是大力发展林牧业，让土人们离开自己的村庄，导致这里的手工业衰败。

汽船向奥戈维河的上游驶去，穿过神秘的丛林，终于要到达目的地了，传教处的房子映入施韦泽的眼帘。1917年秋天，消失在施韦泽眼前的一切，现在又出现了，只不过这次身边没有了海伦娜的陪伴。

4月19日，汽船终于在兰巴雷内靠岸了。施韦泽把搬卸行李的工作交给了诺埃尔，自己则像丢了魂一样，被牵引着走向久违了的诊所。待到施韦泽缓过神来，竟发现自己已经走进了一片草丛与灌木丛中，花了很多心血才盖起来的诊所，现在根本无法辨别。

诊疗室、药房与房舍虽然有些墙还没有倒塌，可以走进去，可是屋顶上到处是洞，在非洲没有屋顶就没有办法工作。雨水会淋透来这里就医的人，更严重的是，阳光也不会放过他们。

诊所通往他居所的小路，也被野草覆盖得严严实实的，要不是施韦泽非常熟悉，可能连他也不会觉得这里原来还有条小路。绕了一个大圈，终于来到了小屋。不幸的是，几个月前它被一场风暴侵袭了，房屋的部分已经坍塌，虽然传教办事处的人员采取了些应急的措施，但没有完全修理好。

传教士们盛情地接待了施韦泽和诺埃尔。吃午餐的时候，施韦泽听到了一个不好的消息，在欧洲与美国要开和平博览会，一时之间这里接到了大批木材订单，土人们都被木材商请去伐木了。虽然施韦泽提前写信请传教士们为他找一些工人，但传教士们仍没有找到一个土人工人。

施韦泽不能等待工人了，因为在兰巴雷内没有屋顶是不能工作的，药箱与器材箱都不能启用，医疗工作也就没法开展。而且，在知道施韦泽回来之后，这里又挤满了看病的病人。

还没顾得上休息，施韦泽就带着诺埃尔驾驶着独木舟前往各个村落，走进每户人家。当听到土人们欢呼着"我们的大夫又回来了"时，施韦泽感到特别的欣慰，土人们没有忘记他，他们依旧需要他。但是这并不能解决屋顶的问题，施韦泽只好跟他们拉交情，说些他们爱听的好话，或是赠送给他们一些礼物，实在不行，施韦泽就威胁他们，没有屋顶就不能治疗，如果以后你们这里有人生病了，别想来诊所看病。

终于找到了64片棕榈叶瓦，施韦泽和诺埃尔这才回到了传教站，没有顾得上休息，他们便投入到了修补屋顶的工作中。夜幕降临，施韦泽拖着疲惫的身躯回到了住地，躺在床上就进入了梦乡。

施韦泽来的时候，本打算在晚间继续完成关于使徒保罗的书稿，但现在没有时间，上午要给土人们治病，下午要修葺诊所，直到累倒在床上。传教士们多少还可以帮施韦泽一些忙，但是施韦泽的诊所与传教站的关系比较一般。巴黎传教协会允许施韦泽在兰巴雷内行医，却没有进一步的支持。战争之前诊所得以维持，全靠施韦泽的朋友们。现在幸好得到了欧洲各地的福音教会的帮助，而且施韦泽本人出书、演讲、举办音乐会的收入也全部用在了兰巴雷内的诊所上。法国殖民当局把兰巴雷内的诊所算作是施韦泽的私人财产，虽然给了很多优惠政策，但是仍要收取一部分税费。

施韦泽的健康状况大不如从前了。到了5月中旬，施韦泽连开药方的力气都没有了，这是因为屋顶上还有一个较大的洞没有修好，而阳光直接照在他身上，导致他容易疲劳。

而且施韦泽发现与病人沟通起来越来越难。原来的病人绝大部分是帕欧英人和加洛阿人，现在的病人从各地而来，说的语言更达十几种之多，根本不能进行很好的沟通，因此发生了不少悲剧。甚至有些人不遵守诊所最基本的规定，乱丢垃圾，甚至偷鸡。

尽管很疲惫，但是施韦泽仍然不后悔再次回到非洲。尽管刚开始就困难重重，但是施韦泽仍然保持着乐观的心态。

# 2. 志愿者加入

　　施韦泽和诺埃尔连续奋战了一段日子之后，已经累得筋疲力尽。一天，突然传来了一个好消息，在施韦泽服务非洲的梦想感召下，有人自愿来到兰巴雷内帮助他。对于所有来兰巴雷内的志愿者们，施韦泽只支付他们往返的路费和在非洲的生活费用，原则上还必须尽量节俭。

　　1924年7月18日，出生在阿尔萨斯的马蒂尔德·科特曼小姐，作为第一个护士志愿者来到了兰巴雷内。她的到来给了施韦泽很大的帮助，施韦泽可以不用再为了照顾病人而烦恼。在马蒂尔德来后不久，一个瑞士的传教士也来到了兰巴雷内。不幸的是，几个月之后，传教士不顾施韦泽的禁告，和诺埃尔一起到一个湖游泳，结果淹死了。至于死因，施韦泽一直没有研究清楚，因为他是一个非常有活力的游泳健将。施韦泽对此深感痛惜，从此便更加爱护诺埃尔。来非洲之前，诺埃尔的母亲就嘱托过施韦泽要好好照顾他。

　　8月，这个陪伴施韦泽挺过最艰难的那段日子的青年——诺埃尔要离开施韦泽，回到家乡继续完成他的学业。施韦泽对他满怀谢意，在最初的日子里，他是最得力的助手。在诺埃尔离开的几个月，对施韦泽来说也是很艰难的，病人丝毫没有减少，反而更多，但是只有他一个医生，这让施韦泽感到心力交瘁。他不断地给欧洲的朋友写信，请他们想办法派来一些医生。

　　1924年10月19日，承载着施韦泽愿望的"阿莱姆希"号汽船终于抵达了兰巴雷内。第一位愿意帮助施韦泽在非洲行医的医生终于到来。维克托·内斯曼，他是施韦泽的同乡，也是施韦泽在斯特拉斯堡大学的校友。施韦泽对他既充满了希望，又感到很疑惑。施韦泽不知道这个年轻的医生能不能承受这里的贫穷、艰苦与繁重的工作，事实上，施韦泽的担心是多余的，这个年轻的医生很快就适应了这里的环境，而且非常能干。

这样一来，施韦泽就有时间去搞建筑。这也是一项非常艰难的工作，施韦泽必须在痊愈的病人或是在病人的陪伴中找到不太情愿的志愿者。不久，施韦泽终于有了一个临时的木匠，来自加蓬的摩门扎立，他是来陪妻子看病的，他的妻子得了昏睡病，似乎已经不行了，不过他还是悉心地照看着妻子，偶尔在空闲的时间为施韦泽做些工作。在他的帮助下，一栋小屋很快便建好了。

施韦泽在建房时擦伤了脚，现在更加严重了，行走对他来说已经很困难。但是，施韦泽不愿意憋在屋里，就找几个人把他抬到诊所里，为土人治病，或者到工地去监督土人们。

圣诞节到了，施韦泽他们三个都生病了。维克托需要卧床休息，马蒂尔德也很不舒服，施韦泽的脚则更加严重了，甚至不能穿鞋。不幸中的万幸是，又来了一名医生。但是这样仍旧不够，还需要有新的医生和护士。这样一来，建造新宿舍的任务已经迫在眉睫。

施韦泽在兰巴雷内迎来了他50岁的生日。通常一个欧洲人在兰巴雷内工作到47岁便可以退休，但是施韦泽却在49岁时第二次来到了这里。因为这里有他割舍不下的一切。

为了向施韦泽表达谢意，一个瑞典的朋友送来了一艘摩托艇，起名为"谢谢号"。之后，一个丹麦人也送来了一艘摩托艇，起名为"拉鲁帕号"。诊所的小船也得到了很好的改进。

就在施韦泽忙着搞建筑时，一位瑞典的建筑师沙慈曼来到了兰巴雷内。他听说施韦泽正在为建筑问题感到烦恼，就匆匆赶来。

1925年5月初，施韦泽得到消息，在阿奇果湖北边的林业工人中正流行痢疾，施韦泽和维克多便前往那里诊治。在途中施韦泽还给父亲写了一封信，但路德维希并没有收到，因为在5月5日那天，他走到了生命的尽头。施韦泽在那里忙碌了一整天，还没有完成工作，傍晚他们只好把最重的病人带回诊所。他们以为这场流行病得到了控制。

这时，又有一名医生来到了兰巴雷内。马克·劳特伯格是来自伯尔尼的外科医生，人们称他为"勇敢的开刀人"。这是因为他不顾一切地为一个病患开刀而得到的称号。在施韦泽努力的沟通下，这位年轻的外科医生才同意接受不轻易切除原则。这样，土人就不用害怕会被马克切掉手或脚。

让施韦泽感到高兴的是，约瑟夫又回来了。在处理完母亲的丧事后，约瑟夫受施韦泽大爱的感动，主动回到了诊所。而且，加蓬木匠摩门扎立也回来了。

在建造房屋时，施韦泽又多了一些帮手。5月末，长16米，宽12米的房舍建好了。一部分房间用来充当病舍，一部分给大家当作宿舍。现在施韦泽终于有时间在晚上研究哲学。可是好景不长，7月底，痢疾病人突然增多，而且很快得到证实，一场灾难真的来临了。

# 3. 痢疾与饥荒

5月初，痢疾就开始流行，但当时，大家以为控制住了。到了6月末，诊所里已经人满为患，可是病人们还是蜂拥而至。到了7月底，这场灾难爆发了。

病人大多都是林业工人，其中主要以本德伢比人与奥戈维河上游的土人为主。对于这些病人，施韦泽虽然充满了同情，但更多的是无力感。因为从最初看到病人时，施韦泽就知道这些可怜的病人不久之后将死去，他们的亲人却在苦苦地期盼着他们能回去。施韦泽出于好心接受了这些面带粗相的本德伢比人。问题也随之而来，在他们那里根本没有纪律可言，所以诊所的管理工作更加困难。

热带地区的痢疾，通常是阿米巴赤痢，有一种特效药非常管用，但是这次的痢疾与以往不同，其中还伴随着普通的赤痢菌，这样一来，很难治疗，而且病人会感到非常痛苦。病人们不再喝传染痢疾的井水，离开居住地去其他地方取水，使病情进一步扩大。

施韦泽和内斯曼治疗痢疾的办法虽然很有效，但是每天都有大批的病人被送到这里，最让施韦泽感到担心的是病情会在诊所里传染。诊所里没有为传染病专门设立的隔离室，现在想盖一栋新的病房，却没有空地。施韦泽只好找来隔板把一栋病舍隔开，专门收容痢病病人。但是他们非常不遵守施韦泽的规矩，仍继续喝河水，而且在诊所里有亲戚的痢疾病人，还和亲戚们一块吃饭。他们通常用一只锅煮食物，然后大家一起伸手抓着吃，施韦泽多次提醒他们，但他们仍按照自己的意愿行事，完全不理会施韦泽的警告。因为他们不听话，也死了好多人。

随着病人的增多，一个更可怕的消息也来了。奥戈维河上游正在闹饥荒。上半年干季的雨水特别多，现在可怕的后果终于呈现了。施韦泽曾预料到了这种情况，额外地多存了些粮食，应该可以应付一阵子。由于木材贸易，这里的土人们已经依赖进口粮食，本地的种植业衰败下来。粮食储备不足的状况立即凸显出来，随之物价开始飞涨，更不凑巧的是，有一艘运米的船沉没在大海之中，9

月底外来的补给宣告终止。饥荒来了，这里的土人们甚至开始吃种子。荒情非常严重地区的土人，搬迁到其他的地方，采光了树上的果实，随后，便坐在家里等死。

在这种情况下，病人却越来越多，施韦泽存储的粮食越来越少，如果不能得到缓解的话，只能关闭诊所，但是该怎么关闭呢？很多病人都是从一百公里外的地方来的，要把他们送走，也要耗上一周甚至更长的时间。没有办法，施韦泽只好驾驶摩托艇四处收购粮食。不过这并不是长久之计，需要赶快想个好办法。

现在要想止住痢疾的流行就更加不容易了，有很多来这里治疗其他疾病的患者也感染上了痢疾，并丧了命，这让施韦泽感到十分内疚。每天早上，医生们都要到病房去询问，有没有人拉肚子，可是病人们却隐瞒他们的痢疾病情，只是因为他们不想因为被观察而失去自由，其他病人甚至帮助他们隐瞒。

布拉格大学寄来了通知，他们授予施韦泽名誉哲学博士学位，可是现在的施韦泽，根本顾不上研究他的哲学。痢疾与饥荒已经对诊所构成了严重的威胁。如果不想办法解决，诊所真的很难维持。诊所一旦倒闭，只会使可怜的土人们变得更加不幸。

即便处境非常艰难，仍有很多病人前来，现在的诊所显得非常狭小拥挤，而且建筑都在一起，传染病人没有办法进行隔离。诊所里的工作人员也越来越多了，到处都拥挤不堪，房舍与房舍都紧挨着，万一发生火灾，后果将不堪设想。建房是不可能了，种玉米、香蕉就更不可能了。施韦泽的诊所里有这么多人，应该要自给自足，但是在这里根本得不到实现。

施韦泽突然做出了决定，要开始新的建筑工程，绝不是简单地再扩建两个新房子，而是要真正地建造一所医院。诊室、手术室、隔离病舍，医生与护士、助手的住所以及其他附属房舍，这些是必须要有的，还要有适当的空地，这就要求施韦泽重新选择一个地点，远离现在的诊所。这也意味着原来花费很多心血的诊所不能再利用了。

现在的诊所使用的土地是向传教处暂借的，以前由于没有工人，所以一直没有搬迁。在没有察觉的情况下，诊所已经占用了传教处很大一片土地，施韦泽对此表示非常的抱歉。

由于饥荒，现在很容易找到工人，只要付给一些米就可以了，而且建筑材料也储备了一些，资金方面暂时也不缺。再等一阵子，物价还会上涨，到时要想施工就更不容易。虽然还是有困难，但是施韦泽已经做了决定。

# 4. 建设新医院

施韦泽早就有建医院的想法，由于痢疾的流行，更加坚定了他的想法。他常想，如果诊所里有隔离病房，或许他就可以制止痢疾大面积的爆发。

施韦泽也知道，想在非洲的丛林中搞建筑是多么的困难。他没有和其他人商量，在这里他的年龄最大，经验最丰富，心态最乐观。而且他也打算要长期待在这里。在兰巴雷内的丛林诊所中，所有人都尊重他，依赖他。施韦泽十分清楚，一旦开始建造医院，他又要连续几年搞建筑，并充当建筑师、工人、木匠……之前计划的休假更是无法实现，没完成的书稿也没有时间继续。但是，现在已经没有什么能改变施韦泽的决定。

经过了一周左右时间的勘察、寻找，终于在1925年一个秋天的夜晚，确定了新医院的建造地点。奥戈维河畔的一座小山丘吸引住了施韦泽的目光，那里拥有非常完美的自然风景。

找到目标后，接下来的任务就是要得到在这片土地上的建筑许可。施韦泽立即行动，去拜访相关负责的官员。很显然，这位官员非常尊敬施韦泽，也非常支持他的事业。这片土地属国家所有，施韦泽只需交上一些钱，就可以建造医院和种植作物。

得到许可之后，施韦泽兴奋地召集了所有医生、护士、助手等人，向大家宣布了这个好消息。刚开始，大家表现得十分吃惊，很快便欢呼雀跃起来。他们也同样担心着诊所所面临的窘境，这个计划实在是非常的了不起。而且是他们最尊敬、最崇拜的施韦泽做出的决定，这就意味着新的医院迟早会建成。尽管有很多病人听不懂施韦泽他们在说什么，不过光是看着医生们这么高兴，他们也都跟着高兴起来。

说干就干，马上开始土地的测量工作，测量结束后，开始清理地基。施韦泽动员了所有能动员的人，轻微的病人、病人的陪伴者、需要粮食的土人等等。因为有粮食，所以土人都很喜欢这个工作，但是他们天生就是自由人，不会时时刻刻工作，总是找机会偷懒，施韦泽必须鼓励他们。因此，施韦泽大部分时间都将在工地度过。除了监督工作，他还要划地界、打标桩、做系统的规划。施韦泽决定医院要坐西向东，这样太阳光就不会直射进来。还要充分考虑到非洲的建筑传统，医院必须像土人们的房屋一样建在一处靠近河边的地方。

从瑞士又来了一名年轻的志愿者，这让施韦泽感到很高兴。离别的伤感也在上演，内斯曼博士应征入伍就要回去了，还好有特伦斯茨博士接替了他。特伦斯茨博士也是阿尔萨斯人。特伦斯茨博士细致地研究了奥戈维河，并发现了一种正在流行的病毒。

新医院的建筑工作仍在继续，土地平整过后就要盖房子了。施韦泽的经验告诉他，房屋必须建在坚实粗大的木桩上，墙依旧用木板，屋顶还是用铁皮。只有这样才可以防止蚂蚁、蛇类等动物的侵扰。

虽然建设医院很重要，不过还是要尽可能地保护动植物。工地上有许多棕榈树，施韦泽命令所有的人把它们挖出来移植到其他地方。在打桩时，施韦泽总是要先看看下面有没有蚂蚁、蟾蜍等动物。施韦泽的做法感动着土人们。一天，施韦泽听到，一个来自奥戈维河上游的土人对正要杀死蟾蜍的同伴说，动物和人一样都是生灵，不能随便杀死它们。

打木桩是一件非常艰难的工作，开始要把坚实粗大的木头锯成上百根长度一样的木桩，接着把表皮烧焦，搬到指定的地点，竖立起来，位置、高度丝毫不能差。由于太重，所以搬运起来非常艰难，一不小心就会使人受伤，甚至丧命。幸好最终得以顺利完成。

困难重重的1926年已经过去，随着新一年的到来，新医院即将完工。在雨季来临之前，一定要完成搬迁工作。

1927年1月21日，激动人心的搬迁工作开始了，劳特伯格博士和豪斯克内希特小姐负责老诊所的装运工作，科特曼小姐和汉斯·穆根斯图姆在新医院负责接收工作。而施韦泽就负责来回运载这些东西，指挥一切。

就在搬迁工作中，还发生了一件小插曲。一个白人慌忙地带着就要临盆的太太，来向施韦泽求助。15分钟后，在这所新建医院的产房里，平安产下婴儿。这是医院里降生的第一个小生命，施韦泽感到特别的兴奋。

让施韦泽高兴的还有另外一件事，他终于可以让他的病人在医院里享有人一样的待遇。之前让病人们在昏暗、就要发霉的屋子里看病，施韦泽一直心存愧疚。

新的医院里有充足的床位、良好的光线、宽敞的空地，痢疾病房也被隔离开了，它们靠近河边，但是用篱笆隔上了，因此不会污染水源。病床设计得也比以前坚固、方便，防蚊纱也钉上了。还为重症病人准备了特殊的病房。厨房、餐厅、库房、鸡舍、停放独木舟的小屋、种植农作物的空地，这里应有尽有。施韦泽的医院秉承着以前诊所的风格，尽可能地为病人考虑周全，包括他们的生活习惯与传统。

随着夜幕降临，施韦泽载着最后一批精神病患者来到了新医院。晚上，施韦泽在巡查病房时，病人们在地面铺有木板的病房里，惬意地躺在新床上，看到施韦泽的到来，他们从蚊帐中露出脑袋对施韦泽表示感谢。

但是医院并没有全部完工。医生们的住所还没有完工，施韦泽还得回到原来的房子居住，因此每天都就要靠快艇往返。医疗工作一有间歇，施韦泽就开始为建造一些附属的房屋而忙碌。半年之后，新医院的建筑才算告一段落，医生居住的房屋有了，新的病房也完工了，现在医院里能同时容纳两百多个病人，而且还有备用的病房。医院又从欧洲来了几名医生和护士，施韦泽终于可以安心去度假。经过了三年的艰苦奋斗，施韦泽已经很累了，但他仍舍不得离开这个令他牵挂的地方。

第八章 往返在欧洲与非洲之间

# 1. 回到欧洲

医院里的各项事务已经安排好了，施韦泽带着复杂的心情登上了回到故乡的轮船，一面是他割舍不下的事业，一面是他牵挂已久的亲人。1927年7月21日，辗转曲折、路途劳顿，施韦泽回到了欧洲。不过，他没有直接回到家里休息，而是去拜访那些曾在特别艰难的日子里给予他帮助的朋友们，还有那些曾在兰巴雷内工作过的医生和护士。

这段时间，他专注于研究《文化哲学》，可是来自兰巴雷内的信却让施韦泽久久不能平静，"痢疾与饥荒越来越严重、每天都有两三百个病人等待医治、医生和护士明显不足、资金也出现了缺口"，种种问题犹若洪水猛兽般，冲击拍打着施韦泽慈善的心。但为了修建新医院，施韦泽近乎花光了全部的家当。

他现在心里就一个想法："不能就这样放弃那些病人，必须筹到一些钱才行。"就这样，他停止了休息，又开始在欧洲各地进行演讲、管风琴演奏。

瑞典是第一站，那坦·瑟德布罗姆大教主正在等着他的到来，他的犹如天籁般的演奏再一次感染了这里的人民，他在这儿停留了近5个月。然后经丹麦来到了巴黎和斯特拉斯堡，并在那里举办了管风琴演奏会。这次故地重游，勾起了他的许多回忆，那是在1923年的夏天，在他曾经为海伦娜和赖娜建造的房子中，施韦泽居住了一个月，撰写先知保罗的著作。

1928年，春夏之交，施韦泽先后到达荷兰、德国、英国，他的事迹早在欧洲各国传开，人们敬仰他，崇拜他，英国更是大力地支持他。从夏到秋，施韦泽走遍了德国的每座大城市。年后，他又开始了瑞士之旅。

在辗转于各地的演出时，施韦泽仍会在休息时进行写作，他一路上伴随着故地重游的心情继续着保罗的著作。

施韦泽的演讲与管风琴演奏会举办得非常成功，入场券与捐款比预料的要多。以施韦泽命名的组织，纷纷在各地成立。由于许多国家接二连三地报道这位在兰巴雷内做出突出贡献的丛林医生，使得施韦泽的名气越来越大。在歌德的出生地法兰克福市，人民对于施韦泽人道的贡献给予了最崇高的敬意，把代表无限荣誉的歌德奖授予了他，这是德国的城市第一次把荣誉颁给他。不过，法兰克福市和歌德委员会的成员可能并不是十分了解，歌德对于施韦泽的影响，只是在文献中提到他一生浮士德式的漫游而已。

1928年8月28日，施韦泽在法兰克福市的歌德奖授奖大会上发表感言。他认为，对于歌德，人们只有通过体验才能接近。于是在他的感言中，毫无保留的描述了自己心中歌德崇高的形象，"他不只是一个大家熟知的神人，更是自己实行人道主义行为的榜样。"

筹集善款的同时，更让施韦泽念念不忘的是友谊，为了帮助在非洲完成事业的朋友们，施韦泽尽了最大的努力。只要有人邀请他演讲或是举行管风琴演奏，施韦泽都会百忙之中抽出时间来。每次的管风琴演奏，施韦泽必须提前到场，每一架管风琴都有其独特的音色，所以施韦泽要花费很多时间将他们的音色调好，以便达到最佳的演出效果。每次准备工作一结束，工作人员都会看到他疲惫地坐在长椅上，有时还会睡着，工作人员不忍心把他叫醒，但总是在临近演出时，他突然醒来，急忙拿出乐器奔向舞台。

他是那么急切地去筹集善款，虽然没有风餐露宿，但是几个月下来，人瘦了一大圈。让他欣慰的是，在经过了一番努力之后，医院的资金终于凑齐了。1928年11月，施韦泽在瑞士和德国举行了多场管风琴演奏会和演讲，战败后的德国民众也生活在水深火热之中，他实在是不忍心接受德国募捐的钱，施韦泽便把此行所得的捐款全部捐给了德国慈善机构。

并没有打算在欧洲停留很长时间，施韦泽更加惦念远方与病魔做斗争的同胞，想尽快赶回兰巴雷内去，但是这里的人们对他在非洲的事业都非常感兴趣，他不得不延迟回到非洲的时间。

但是施韦泽似乎了听到了来自非洲的召唤，他因惦念他的病人，寝食不安。1929年12月，施韦泽购买了足够的药品与医疗器具之后，与妻子一起，第三次踏上前往非洲的征程。同时，他研究的使徒保罗的著作也完成了，并命名为《使徒保罗的神秘主义》。

# 2. 偶遇黑人教师

当轮船途经恩戈莫时，施韦泽遇到了早些年认识的黑人教师欧恩波，与欧恩波相识，还是施韦泽在到兰巴雷内教书时的一个圣诞节。

偶遇欧恩波让施韦泽一下想起了最初来到兰巴雷内的时候，施韦泽是不允许布道的。后来，传教士们邀请施韦泽一起参加布道。欧恩波是施韦泽做礼拜时的翻译，也就是那时，施韦泽与这位黑人教师产生了深厚的友情。

欧恩波是一个非常聪明、开朗、热情的黑人，施韦泽每次与他谈话都非常开心，以至于有时会忘了种族之间的差别。他的妻子非常贤惠，他们养育了三个孩子，孩子们都有良好的教养。

为了礼拜活动，每个周六结束工作后，欧恩波都会准时来到施韦泽的家里，两人一起准备第二天的讲词。施韦泽说一句，他翻译一句，遇到没有办法用土人们的语言翻译的，或是很难让土人们理解的话，两个人就一起寻找另一种表达形式。

给土人们布道是一件非常艰难的工作，他们对很多东西都是不能理解的。例如，《圣经》中的葡萄、麦田、耶路撒冷的神殿、挪亚方舟等等，他们都一无所知。而且他们的注意力也很难集中，一只鸟儿飞过、一个商贩的叫卖声，都会影响他们。为土人们布道必须使用让他们容易理解的语言，否则是很难将耶稣的爱心传递给他们，这时为施韦泽翻译的欧恩波便起了很大作用，他们用心底最真挚的声音慢慢地影响着土人们。

令人的第一次世界大战打响了，传教办事处因为经费紧张，只好降低大家的薪金。与欧恩波一同在宗教学校高级部毕业的黑人们，都为了赚取更多的钱而拒绝了教职的工作，只有他一个人不计较微薄的收入留了下来，这样的待遇勉强维持着家里的生活。施韦泽依然对他充满了期待，可是战争的侵袭，也使他不得不放弃这份工作回到故乡去，靠最原始的生活方式来养活他的家人。施韦泽对此感到很失望，但是并不责怪他。

第一次世界大战后，施韦泽第二次回到兰巴雷内时，也遇到过欧恩波，不过那时，他正在跟乡亲们从事木材生意。施韦泽觉得他现在成了木材贩子，也就没有和他说太多。当时施韦泽有些失望，后来他才知道，欧恩波并不像普通的木材贩子一样，只是为了赚钱，他还有更重要的目标。

欧恩波回到故乡之后，开始与村子里的人们合作，开拓原始丛林，以便种植香蕉以及木薯等作物，施韦泽知道，开辟原始丛林是多么的困难。土人们通常只开垦一小块，只要可以养活他们即可。欧恩波想尽办法，开导他们，鼓励他们，最终完成了开拓的任务。

即使是在粮食最匮乏的时候，欧恩波的村子里也不缺粮食，而且还有多余的部分，来这里伐木的工人，都可以享受到他们提供的香蕉和木薯。因此，村里的土人们都知道了勤劳的好处，便没有人再偷懒了，生活的状况也得到了改善。

生存状况得到了改善，生活也稳定了，欧恩波便凭借自己的力量，在村子里设立了一所小学，孩子们可以在学校里念书，并利用课余时间在农场里帮工，赚到买粮食和书本的钱。欧恩波不仅是孩子们的老师，也是村子里的教育者。每当礼拜天时，他便把村民召集起来，为他们讲道。

在欧恩波的悉心经营之下，农场的规模越来越大，后来他们还种植了咖啡和可可。他还带领村民们在一片空地上，用木材和铁皮屋顶建起了安全牢固的村落，在湖畔的部落中，他们的村落是与众不同的，所有路过这里的人们，都会流露出赞叹的神情。

了解了欧恩波的所作所为之后，施韦泽一直对那次见面时表现出的态度而耿耿于怀，并期待着再次与他相遇。

当两人再次相遇，利用船只装卸货的时间，施韦泽与欧恩波在一处山丘上聊了起来。欧恩波向施韦泽讲述了自己小时候的事情，并谈到了后来重建村落的困难，以及居住在整个奥戈维河畔的土人们的痛苦，并对施韦泽第三次来到非洲表示衷心的感谢。

最后这位黑人教师还为施韦泽唱了一首歌，在施韦泽听来，这首歌就像是第一次来到兰巴雷内时听到的歌声一样，那么美好。不同的是，这里有了欧恩波这样的人。施韦泽深深地感觉到，这些身在不幸中的无知的黑人们，正在慢慢觉醒。

# 3. 自传《我的生平和思想》

　　施韦泽第三次来到了兰巴雷内，人们听到这个消息之后，纷纷前来就医。通过在欧洲的巡演，医院里得以储备了充足的药品与粮食，医疗设备也尽可能地完整了，现在的丛林医院已经算得上一个病人之村。

　　医院继续拓展着，虽然困难还是有的，但是不至于陷入危机而面临倒闭。医院里除了施韦泽夫妇，还有三个年轻的医生、护士，还有一些助手，以及一些木匠。

　　在之后的两年中，施韦泽仍在完善着医院的建筑，现在又建好了精神病病舍、麻风病病舍等，建筑物的地基都由原来的木桩改为了水泥，小医院也拓展成了一所大医院。在满足了病舍的需求之后，施韦泽开始开拓周围的丛林。除了种植一些香蕉、木薯、椰子以外，还种植了杧果、油棕榈果等。在干季的时候，施韦泽还种上了蔬菜等作物。之前从西印度移植来的水果树，在这里也是长势喜人，唯一遗憾的是，这些水果在热带气候下储存不了多久。

　　令施韦泽高兴的消息又传来了，从阿尔萨斯又来了一名医生，这已经是第十位来支援兰巴雷内的医生。但是，海伦娜已经承受不了兰巴雷内的气候，必须回到欧洲休养一段时间。1930年春，海伦娜乘上了返回欧洲的轮船。施韦泽与海伦娜分别时，心情十分沉重，他不仅为海伦娜的健康烦恼，更为海伦娜所居住的地方——德国的局势感到烦恼。

白天，施韦泽参加医院里的医疗工作。晚上，继续文化哲学的研究。与此同时，施韦泽在校读一本关于他的传述的书时，感到很不满意。于是他便产生了写一本自传的想法，这本书要把他的想法与在非洲的工作连接起来。之后，他便开始《我的生平与思想》的写作。这本书讲述了从施韦泽小时候直到1931年的全部经历，是一本比较完整的自传。

施韦泽渐渐感到，年轻时的梦想就要达成了，辛苦奋斗了这么多年，也有了收获。这本自传一来是为了感谢这么多年给他鼓励和支援的朋友们，另一方面也为了鼓舞年轻的追随者。施韦泽用心写成了这部书，出版之后，也被翻译成了多种语言的版本。这本书激励着无数青年人走上服务人类的道路。

施韦泽在这本自传的结尾写道：

"由于我相信真理和精神的力量，所以我相信人类的未来是光明的。伦理地肯定世界和人生本身始终包含着乐观主义的意志。因此，它并不怕面对目前糟糕的现实。

当然，在我的一生中，也有过很多的忧虑、辛劳、贫乏、困惑，累积起来，如果我没有坚强的意志，我早就放弃了非洲的事业。这么多年来，我一直肩负着巨大的压力，忍受着疲惫的身躯，这是一件非常痛苦的事。我几乎没有过多的时间留给自己，留给我的妻子与女儿。

但是，我仍觉得非常的幸福。我献身于慈善事业，我的活动有所成就，我在人们那里获得许多爱和善意；我有忠诚的助手，他们把我的事业当作自己的事业。我有健康的身体，平和的心态，成熟的思考能力，果断的行动力。这些，是对我的恩赐。

在许多人正受压迫的不自由的时代，我被允许作为一个自由人而有所作为，在从事物质劳动的同时，还有从事精神领域活动的可能性，这深深地激励着我。

我的环境，在许多方面满足了我在事业上所必需的条件。对于这样的幸运，我一定要尽我的所能来报答。”

现在施韦泽在医院里继续着他的事业，每天治疗、做手术、清洗伤口……但是他的影响已经不仅在丛林之中，在欧洲学术界的影响也不断加深。1931年，爱丁堡大学授予施韦泽名誉神学和音乐博士的学位。紧接着，施韦泽又获得了牛津大学的名誉神学博士的学位、英国圣安德烈大学的名誉法学博士学位。即便是再多的荣誉也不能描述出施韦泽对非洲丛林的贡献。

# 4. 心中的歌德

转眼间，施韦泽又在兰巴雷内工作了一段时间。这时，歌德的故乡，曾向施韦泽颁发歌德奖的法兰克福市向他发来了邀请，请他在歌德逝世100周年纪念会上发表演说。施韦泽开始考虑他的下一次休假。

在施韦泽的书架上，放着一本《歌德全集》。在兰巴雷内寂寥的深夜里，施韦泽打算重新深入研究这位伟大的诗人与哲学思想家。歌德思想一直影响着施韦泽，施韦泽认为，歌德无论在生活中，还是在他的诗中，都表现得与自然紧密相连，而歌德的思想和创作也都与自然得到了深刻的统一。

施韦泽开始关心歌德，还是在大学研究哲学的时候。施韦泽因为歌德不喜欢参加康德、费希特慧、黑格尔等人的思辨哲学，却研究斯多噶与斯宾诺莎的哲学而感到费解。之后，施韦泽发现哲学分为两个流派，其中之一是独创的，为了把人类与宇宙连接在一起，而对自然与实际施加压力，并把屈服于思考力的世界连接在人类上面；另外一种是原始的，成人世界与自然的原始面目，并要求人类顺应世界与自然，从中求得精神上的胜利。前者属于思辨哲学，而后者则属于自然哲学。

而在当时，思辨哲学是受追捧的，但歌德依旧坚持在自然哲学领域的研究，发展他肯定世界与人生的思考。

另一个让施韦泽认识歌德的机会是，施韦泽读了《1777年冬的哈尔兹之旅》，那年11月，歌德为了在实际行动中帮助一个牧师的儿子，冒着冬雨和大雾来到了哈尔兹山。在那之后，每当遇到有人求助，施韦泽就会尽自己可能地帮助别人，即便困难重重。施韦泽告诉自己，这就是他的哈尔兹之旅。

当施韦泽留心歌德的活动方式后，他理解了，歌德是用他的人格来统一他精神方面的工作与实践方面的工作。每当施韦泽为一些烦琐的事务影响研究学问的时间而烦恼时，他就用歌德的精神来安慰自己。

而施韦泽与歌德最接近的一个地方，就是施韦泽身体力行地到非洲行医。施韦泽在丛林中，与歌德交谈。在兰巴雷内，施韦泽常常为懒惰的黑人而感到绝望。可就在这时，施韦泽总能想起歌德为了写《浮士德》的最后部分自给自足的情形，于是施韦泽的内心就得到了平静。但是，在施韦泽看来，分析歌德的实践结论比分析歌德的思想更加的重要。这也是支撑施韦泽做出去非洲行医的榜样，施韦泽特意摘录了一些他非常喜欢的诗句，如，"忠实于你自己和他人……"、"你的追求是爱，你的生命是行动"。

施韦泽认为，只有感受到歌德理想的人，才能真正理解歌德。歌德的全面发展有别于文艺复兴时期的伟人们，没有狂热、鲜明的特点，只是出于思想的考虑与生活要求的行动。但同时，也是要把自己的力量积极付诸实现的目标。正像歌德所说的那样："要献身于人生的事业，而不是浪费自己的精力。"

在离开非洲前的几周，施韦泽一直在准备着歌德纪念会上的讲话，在返回欧洲的轮船上，施韦泽完成了一部分，到了欧洲之后，他便回到了黑林山国王地的家中，与海伦娜和赖娜团聚，短暂的停留之后，便起身前往根斯巴赫。

德国的局势令施韦泽感到绝望，到处都是失业和贫穷的人们，家园被政治斗争破坏得不成样子。施韦泽带着担忧与疑虑来到了法兰克福市。

1932年3月22日，纪念歌德逝世100周年的活动在法兰克福歌剧院举行，在纪念会上，施韦泽发表了讲话。施韦泽讲道："正在纪念它伟大的儿子逝世100周年的法兰克福，表面上春光无限，实际上却经历着巨大的苦难。但是歌德的精神告诉大家，对未来仍要充满希望。"

挤满了法兰克福歌剧院的听众们，对施韦泽的讲话予以了高度的赞同。只要人们不放弃思想与自由，早晚有一天会摆脱一切困苦。

参加了纪念歌德逝世100周年的活动之后，施韦泽在荷兰、瑞典、德国和瑞士等地举办了多场管风琴演奏会。随后，施韦泽来到了英国，作演讲、举办管风琴演奏会。每天施韦泽都为自己安排16个小时的工作。在曼彻斯特大学，施韦泽作了关于歌德哲学的演讲。令施韦泽感动的是，在英国，他被授予各种荣誉。

随后，施韦泽前往苏格兰，在圣安德烈大学，他不仅被授予名誉博士的学位，还被邀请担任校长一职。施韦泽拒绝了，因为他的心还在兰巴雷内的丛林医院中。

# 5. 根斯巴赫的客房

在施韦泽第二次从兰巴雷内回到欧洲休息时，被法兰克福市授予了歌德奖。在收获奖项的同时，施韦泽也获得了一大笔奖金。

施韦泽用所有奖金在故乡根斯巴赫建造了一栋客房。这座房子，首先为到欧洲休养的兰巴雷内工作人员使用。在非洲工作的欧洲人，每一年半就要回到欧洲休养一阵子，不然健康就会受到损害。毕竟没有几个人像施韦泽一样，拥有强健的体魄。

施韦泽的老朋友，埃米·玛丁夫人会长期留在这里工作。慢慢地，这里竟成了兰巴雷内医院的"后勤部"。这里还从事着与外界的联络工作，来自各地的朋友，也会在这里留宿。现在，这里是施韦泽博物馆。

这是一栋非常简朴的房子，像丛林医院一样，这里也以实用为主，房子内部基本没有装潢，只是在墙上贴了一些施韦泽所弹奏过的世界各地的古老管风琴图片，以及兰巴雷内的风景等照片，此外就是一个土人用木头与竹子编制的一只奥戈维河上的河轮的模型。

房子是临街而盖，这也是施韦泽特意安排的。施韦泽需要一个临窗的书斋，工作之余，停下手中的笔，看看马路上行色匆匆的路人，是他的一项乐趣。如果看到了乡里的熟人，施韦泽就会起身到窗边与他们聊上一会儿。有时，施韦泽也会给孩子们讲一些关于非洲土人们的趣事。

在欧洲只要提到施韦泽，没有人会说不知道。每次施韦泽返回欧洲的消息传开后，便有来自世界各地的追寻者前来拜访。传教士、音乐家、教授、学者、年轻的大学生、要去非洲工作的志愿者，不过，最早来拜访施韦泽的是茨威格，他和施韦泽一样担心着，世界正面临究竟，德国这更加悲惨。偶尔，施韦泽也会请来自兰巴雷内的护士们一起参加他们的、谈话。

对于来访的客人，施韦泽都十分的欢迎，并尽可能地满足其要求。与客人交谈自不必说，有时，也会留客人在家中用餐，或是带着客人到宁静的小村中散步，或者带他们到村子里的教堂去，为他们弹奏一曲。这里的管风琴是施韦泽亲自设计的，并捐赠给了教堂，它的音色极其美妙。

尽管来访的客人络绎不绝，但施韦泽丝毫没有松懈自己的工作。客人们也非常善解人意，只要施韦泽工作了，便不去打扰他。施韦泽仍在精心地研究着他的惊世之作《文化哲学》。

施韦泽想留给人们一部巨著，但这似乎不太容易，为了证明并检验自己的思想，施韦泽必须研究一切对人类有意义的伟大的思想，施韦泽于是投入全部精力，开始研究印度与中国思想。经过了好长一段时间终于有所收获，《印度思想家的世界观》一书作为研究成果的一部分，在1935年出版。

施韦泽每天都要工作到凌晨一点，读书、写作、思考、回信是每天必须完成的工作。随着施韦泽名气的增大，随之而来的信件也明显增多，施韦泽每天都要回复20封信，并把它们邮寄出去，这样一天的工作才算完成，而这时，街道上早已悄无声息。

1933年，施韦泽拖着疲惫的身体又回到了非洲，开始了紧张的工作。

# 6. 非洲与欧洲之间的距离

施韦泽的事迹，已经家喻户晓，现在的他已经可以称为世界伟人。向他求助的人更是不断增加，非洲的、欧洲的、世界各地的，人们不仅在医学上向他求助，更多的是寻求精神上的慰藉。为了可以帮助更多的人，施韦泽近些年一直往返于非洲与欧洲之间。

1933年3月，施韦泽第四次来到非洲，依旧是忙碌地工作。兰巴雷内又来了一个匈牙利外科医生——拉迪斯拉斯·戈尔德施米特博士。一个白人病人为了表达对医院的感谢，特地送来了一只大汽油灯，这样一来，如果在夜晚遇到突发状况，施韦泽也可以立即做手术。

1934年，施韦泽在医院里一共进行了622例大手术。1934年秋，施韦泽要到牛津大学作一个系列的演讲，关于伦理和现代文化。为了准备这次演讲，施韦泽必须翻阅大量的书籍，于是，他决定回到根斯巴赫。10月中旬，施韦泽便开始在牛津大学作演讲，之后又在伦敦大学作了相同的演讲。施韦泽把这系列的演讲整理后，发表在了美国的《基督教世纪》杂志上。11月，施韦泽在爱丁堡作演讲。

为了纪念施韦泽60岁生日，斯特拉斯堡把一座非常漂亮的公园命名为"施韦泽公园"。

1935年前半年，施韦泽第五次抵达了非洲，在兰巴雷内有很多问题等待着他解决，戈尔德施米特正在被大量的手术困扰着，但是从采木场来的伤员却丝毫没有减少。医院里的工作人员不断更替，约瑟夫又离开了，他结婚了，他要用来自欧洲的衣服满足他的妻子，可是这里的薪水满足不了他的要求。但是医院里来了更多的加蓬助手，他们一样开朗、乐观，懂很多当地的语言。4月初，波林基，施韦泽最早的非洲助手之一，由于患病也不得不离开医院回乡了。

1935年初秋，施韦泽回到了欧洲。9月和10月，他住在根斯巴赫，整理《印度思想家的世界观、神秘主义和伦理》这本书。11月，施韦泽又回到了爱丁堡作演讲。访问了瑞士之后，施韦泽回到了根斯巴赫，把《印度思想家的世界观》译成法文。

1937年2月，施韦泽又回到兰巴雷内，本打算要完成《文化哲学》的第三部分，可是一回到非洲，便有堆积如山的工作在等待着他。施韦泽又要开始建造房子了，新建的房子施韦泽都为他们取上了名字，例如，项链之屋——是为了纪念一个英国妇女而命名的，她读了有关施韦泽事迹的书之后，卖掉了心爱的项链，而钱全部捐给了施韦泽的医院；埃米里·霍帕夫之屋——是为了纪念一个管风琴家，她把举办音乐会的收入都寄给了施韦泽。

1938年，63岁的施韦泽还是忙碌着医院里的大事小情。这一年，施韦泽的医院已创办25年，为了这值得纪念的一年，住在奥戈维河流域的白人们共同募集了9万法郎，打算为医院购置X光机。施韦泽认为目前这里还不需要这么昂贵的机器，便征得捐款人的同意，用这笔款子储备大批的药品。任何人都不知道，在不久的将来会发生什么。

# 第九章　世界在关注

# 1. 第二次世界大战

1939年1月14日，施韦泽迎来了自己的64岁生日，世界各地都加入到了为他庆生的行列，欧洲各所大学所授予的名誉博士学位，更是数不胜数。在荣誉之光的照耀下，施韦泽没有忘记他心爱的巴赫，百忙之中，他接受一家唱片公司的邀请，录制了一张巴赫管风琴曲的唱片，发行之后，受到无数人的追捧，风靡一时。

在来到非洲之前，施韦泽就已经做好了计划，停留两年便返回欧洲。因此，从一月初，施韦泽便开始悉心地安排医院里的各种事务，全部稳妥后，他便安心地踏上了返回欧洲的旅程。旅途中施韦泽打算继续《文化哲学》第三部分的写作，这本书已经拖得太久，由于医院里各种事务都离不开他，所以迟迟没能执笔。

当轮船行驶到比撕开海湾时，施韦泽从广播中听到希特勒正在虚假地掩饰他真正的目的，原本让施韦泽感到亲切的德语，现在却是异常的刺耳。施韦泽知道，战争就要爆发了，因此，他的心又回到了兰巴雷内的医院。

施韦泽在波尔多上了岸，返回了根斯巴赫，但是他笼罩着阴霾的心情并没有被故乡的空气所改善。一路上施韦泽都在思考着同一个问题，战争一旦爆发，自己不在那里，土人们要怎么办才好？他突然做了一个惊人的决定，要马上赶回去才行，便立即订了10天后返回兰巴雷内的船票。

回到故乡后，施韦泽紧张地利用着这10天时间，一面为家人安排战争期间的生活，一面购买医院所需的药品、食物以及必需的生活用品。一切都安排好之后，施韦泽急匆匆地返回了非洲，此时他已顾不上旅途的劳累，在没有回到医院之前，他的心始终悬着不能放下。

在战争没有打响之前，施韦泽必须尽可能多地储备一些药品，这样才能保证他的病人们的生命安全。施韦泽的心从未离开过他的病人，他就像一位慈爱的父亲，深深地爱着他的病人们。当然，他的伙伴们也是不能被遗忘的，那些必须返回欧洲休息的医生和护士，要赶快为他们安排行程。

战争必定会拖延好长一段时间，为了节省药品和粮食，施韦泽和助手们必须狠下心来疏散医院内的轻症病人，手术量也必须减小，药品和包扎材料也要尽可能节约使用。忽然之间，热闹的医院变得寂静好多，施韦泽的心有些痛，但他告诉自己早晚有一天会好的。

从9月开始，兰巴雷内和外界的联系就被中断了。不久之后，战争便打响了。希特勒进攻了波兰，之后同时向西、南两个方向掀起了闪电战术。随后，英法也对德宣战。

在非洲，最先受到影响的还是木材业，全面停业后，工人们又面临了失业。施韦泽倒认为这是一个绝好的时机，他把失业的土人们召集起来，请他们开拓丛林。一段时间之后，施韦泽的农场扩展到了90公亩之大，这样一来，医院里所需的粮食便可以自给自足，一旦外面断了供给，这里也不会太糟糕。

施韦泽是有先见之明的，1940年3月，大客轮巴拉扎号遭到了鱼雷的攻击，船上的人无一幸免。这也意味着，施韦泽再也得不到从欧洲运来的药品和食物。不过由于他周全的考虑，使得医院不必像教区的学校一样，由于饥荒而倒闭。

不久之后，战火烧到了加蓬，戴高乐的军队和维希的军队进行了兰巴雷内争夺战，不过双方都因为尊敬施韦泽而没有让战火烧到医院，因此病房便成了白人和土人们的避难所。最后，戴高乐将军获得了胜利，这样，兰巴雷内才得以与英国、美国、瑞典保持联系。

此时的医院里，只剩下了施韦泽以及两名医生、四名护士，施韦泽必须像家长一样，照顾着医院里的所有人。没日没夜的工作，使得施韦泽疲惫不堪，就在这时，海伦娜神奇地出现在了兰巴雷内。一想到施韦泽在孤独的兰巴雷内和同事们过着艰苦的日子，海伦娜便坐立不安，于是前往非洲的念头在她心中萌生。通过红十字会的帮助和她不懈的努力，终于得到了赴非的许可，一路上辗转曲折，先到中立的葡萄牙，再从葡萄牙前往葡属的西非，最后靠汽车穿越比属的刚果，历尽千辛万苦才抵达兰巴雷内。

海伦娜的到来，不仅燃起了施韦泽的希望之火，就连同事们、病人们也都高兴起来。大家又开始不知疲倦地投入到他们的工作当中。但是，储备的药品越来越少，如果再没有支援，医院将面临新的危机。就在施韦泽陷入绝望之际，一大批药品从美国运来，这让施韦泽欣喜若狂。之后，英国、瑞典也运来了一批药品，医院又可以继续生存下去了。

在战争中，施韦泽迎来自己的70岁生日，大家在医院里为施韦泽举办了一个小型的庆生会。欧洲也没有忘记这位伟人的生日，各地都给予了他最崇高的赞许与最衷心的祝福。英国还发来电报通知施韦泽，为他准备了特别节目。

医院里并没有收音机，还好一个白人病人随身携带一个小型收音机，主持人首先转达了几位名人的祝词，之后放了巴赫的唱片，那是施韦泽十年前在斯特拉斯堡用一架了不起的管风琴录制的。在战火蔓延的不幸中，还能听到如此温馨的祝福语，所有人都非常的感动，除了施韦泽，他的慈悲之心不允许他感到高兴，因为战争还没有结束，在这无情的战争中，不知又要牺牲多少无辜的生命。


# 2. 终于结束了

1945年5月7日，施韦泽听到了战争结束的消息。战争真的过去了吗？施韦泽在漫长的夜晚，思考着这个问题。施韦泽知道真正的战争没有结束，在未来，战事依旧会继续，因为战斗就在每个人的心里。在施韦泽的心里正在为那些以为幸福已经来临，却没有察觉到眼前困难的善良的人们，而感到担忧。

战争虽然已经结束，但兰巴雷内医院里的困难并没有得到很好地缓解，由于繁杂手续的阻碍，医生和护士们还不能马上来到这里。直到8月份，马蒂尔德小姐才回到了兰巴雷内，接替了埃玛·豪斯克纳希特的部分工作。年后，两个医生也来到了兰巴雷内，施韦泽终于可以从忙碌的医疗工作中抽出身来，休息片刻。

战争结束后，物价飞涨，与此相应的是，非洲土人们的收入也有所增加，而且从欧洲到兰巴雷内的旅费也增加了，现在医院的经费问题又开始困扰施韦泽了。战争初期，他已经把能用的钱都用来储备药品，所剩无几。

医院的工作还在紧张地进行着，施韦泽必须亲自慎重地填写药品及设备的订购单。忙碌之余，施韦泽喜欢到病房内巡视患者、跟土人们在一起交谈，这似乎成了治疗施韦泽疲惫的特效药。不过快乐的时光是短暂的，他要赶快去药房里帮忙了。在他忙碌的生活中，偶尔还要接待一些自认为得了怪病的病人，对待这些人，施韦泽既像严师又像慈父，耐心细致地教给他们各种医药知识。现在施韦泽的视力还算不错，一些日常事务的处理没什么问题，不过不能再亲自为病人开刀，但是遇到了比较复杂的手术，他就要到手术室陪着开刀医生。

战争期间，房屋没能得到很好的保养、维修。而且，施韦泽正计划着加盖新的院舍，要修桥，还要粉刷墙壁。抽水泵罢工时，还要修理它。为果树浇水、治病、施肥，这些工作也不得不做。深夜，当大家都进入了梦乡，施韦泽却不能休息，他要继续完成《文化哲学》的第三部分。有人劝施韦泽少管一些琐事，专心完成他的著作，但施韦泽却认为，做那些工作可以让自己心情愉快。

物价的上涨并没有阻止游客的到来，最近几年，施韦泽的医院在美国的影响也越来越大，很多美国人来到兰巴雷内，想亲眼看见一下这个世界上独一无二的医院、不知疲惫的顽强的医生、忍受贫穷疾苦折磨的土人们。此外，在世界各地还出版了很多关于兰巴雷内自然风光的画册。为了感谢远道而来的朋友们，施韦泽带着他们来到奥戈维河畔，向他们介绍这个让人流连忘返的地方。

战争已经结束很久了，可施韦泽还不能回欧洲去，因为饥饿正在威胁着病人们的生命，对于他来说，那些人的生命比自己的更珍贵。工作在医院里的医生和护士们已经连续工作几年了，需要回欧洲休息一段时间，这意味着，施韦泽和其他留下米的人要担负起更多的工作。

1939年至今，在所有工作人员中，只有施韦泽没有休过一次假。他的妻子海伦娜来到这里已经有五年了，最近身体状况非常的糟糕，施韦泽安排她回欧洲，而自己仍留在医院。

1947年，医院已拥有45栋大小不一的房舍，这里除了3名医生、5名白人护士与助手，另外还增加了十几个黑人助手以及几个木匠，人员、设备，卫生条件也比以前好了许多。

战后的欧洲开始休养生息，但是，施韦泽的故乡，阿尔萨斯没有忘记这位伟大的儿子。在施韦泽73岁生日那天，他听到了来自故乡的祝福。根斯巴赫那位幽默的市长，在广播里祝福了施韦泽，也批评了施韦泽，因为他太长时间没有回家看看了，家乡也很需要他。

近10年来，施韦泽都在兰巴雷内从事医疗工作。在这期间，赖娜已经结婚，并生下了4个孩子，施韦泽却从来没见过他们，这位祖父感觉很遗憾，也很愧疚。让他感到欣慰的是根斯巴赫的客房，幸运地逃过了那场令人憎恶的战争，他的病人们也都康复出院，他终于可以安心地回家和亲人们小聚了。

# 3. 访问美国

回到欧洲后，施韦泽在秘书埃米·玛丁的安排下，来到了黑林山国王地休养。身心的疲惫刚刚解除，他便急匆匆地赶到女儿赖娜的家。这时的女儿已经30岁了。施韦泽终于见到了他日思夜念的外孙们，对于赖娜，他深感愧疚，他把自己全部的爱奉献给了非洲的人民，却没留一点给自己的女儿。

离开了女儿那里，施韦泽便前往根斯巴赫的客房，开始紧张的工作。这期间，还有很多老朋友和他的仰慕者前来拜访他。战乱平息之后，他的无私付出吸引了所有人的目光，很多报纸都在报道他的事迹——当其他人在屠杀时，他却在拯救。但是施韦泽并不愿看到这样的报道，这让他觉得自己像是人类良知的蒙羞布。

正当施韦泽沉浸在战后的平静之中时，收到了来自美国的邀请函，哈佛大学请他到那里为学生们演讲，普林斯顿请他去研究他的哲学，还请他到美国举行巡回演讲与管风琴演奏会。当他接到典型的美国式邀请时，他很想拒绝，但是组织方答应捐赠6100美元给兰巴雷内的医院，作为在歌德诞辰200周年纪念会上讲话的报酬。

他和他的医院需要这笔钱，因为这可以帮助更多挣扎于苦难中的非洲人民，就这样，已经74岁的施韦泽决定前往美国。

1949年6月，施韦泽在海伦娜和一些英国朋友的陪伴下前往了美国。当轮船缓缓驶入纽约港时，自由女神像出现在了施韦泽的眼前，这是施韦泽第一次踏上美国的土地。当他慢步走下轮船，听到的是一片热烈的掌声和欢呼声。

许多记者也等候在那里，焦急地等待采访这位伟大的老人。这位历尽人间沧桑的老人，并不适应这么热情的接待，不过后来他慢慢习惯了，因为这也意味着，他不用再为兰巴雷内医院的财政问题而烦恼了。

在美国，施韦泽和他的老友爱因斯坦亲切地交谈，他们聊了很多，如关于原子弹的问题。几星期后，一份重要的美国杂志就当代的伟大人物问题征询读者意见，结果在非政治家领域内，阿尔贝特·施韦泽和他的好朋友阿尔贝特·爱因斯坦位居榜首。

1947年7月8日，在歌德纪念会上，施韦泽用德语和法语做了题为《歌德——人和事业》的演讲。桑顿·怀尔德作了翻译。这是施韦泽作的第四次关于歌德的重要演讲。演讲中，他就伟大的诗人、自然研究者、思想家等方面阐述了自己对歌德思想的理解。在会上，他热情地与那些向他提问的人交谈，不拒绝任何采访和签名的要求。

随后，施韦泽被邀请到了芝加哥，在那里还见到了曾在非洲帮助过他的助手诺埃尔·基勒斯皮，此时他已成为一名麻醉学专家。一个医学系的学生威廉·梅隆，看了施韦泽的报道之后，便结束了自己的学业，在海地开办了一所施韦泽医院，而他，也仅仅是施韦泽众多的追随者之一。

8月底，施韦泽来到法兰克福市，参加纪念歌德诞辰200周年的最后活动。在那里施韦泽见到了许多二战期间没有受到迫害的知名人士，在与他们的谈话中，施韦泽对于二战后的德国感慨颇多。

10月，在海伦娜的陪伴下，施韦泽又一次来到了非洲。美国之行，施韦泽筹到了一大笔款项，同时他也获得了很多新药，还有一些是治疗土人们常见疾病的特效药。他也获得了治疗麻风病的新方法，接近古稀之年的施韦泽开始计划建造麻风病村。

1950年1月14日，施韦泽在兰巴雷内度过了75岁生日，他收到了来自世界各地的祝福。

1951年春，我们尊敬的老人，对医院进行了检修之后，同年5月，前往欧洲。此次回乡，施韦泽又获得了很多荣誉，瑞典授予他一枚奖章，法国授予他荣誉团勋章，联邦德国授予他书业和平奖。许多街道、学校、医院、疗养院开始以他的名字命名。年底，施韦泽返回了非洲，开始建造麻风病病房。

1952年夏，施韦泽回到欧洲住一段时间，他获得了第一个医学上的荣誉——帕拉克尔苏斯奖章。他还被选为法兰西科学院院士，这是法国所能授予的最高荣誉。10月20日，施韦泽在科学院作了《人类思想发展中的伦理问题》的演讲，随后回到了非洲。

对于这样经常性的旅行，施韦泽早已适应，他还开玩笑地称自己为"飞行的小鸟"。

# 4. 诺贝尔和平奖

年近80岁的施韦泽，在欧洲获得的荣誉已经达到了高峰。但是他并不知道，还有一个更高的荣誉在等待着他。

1953年10月的一天，施韦泽像往常一样，在医院里忙碌着，一名医生突然跑来告诉他，广播里说他获得了诺贝尔和平奖。

现在施韦泽是离不开医院的，但他必须在领奖时发表讲话。施韦泽更希望，在死后把这一荣誉授予他。现在医院里没有外科医生，建筑事务也在等着他处理。无论如何，施韦泽是不能在这个时候离开兰巴雷内的，他决定把领奖的时间往后延长。

消息公布之后，大批记者来到了兰巴雷内，每天除了要接受访问以外，还有大量的信件要施韦泽回复。各国国王、总统以及他的许多朋友也发来了祝贺的电报。

当记者询问，要怎样使用这笔奖金时，施韦泽有些，除了建造麻风病村，他还能做什么。获得这个最高荣誉是一件值得高兴的事儿，但是也给年迈的他带来了烦恼，来采访的记者越来越多，有时一天只能休息三四个小时，这让他的体力严重透支。

1954年春，施韦泽终于可以暂时放下兰巴雷内的工作，返回欧洲，在回到根斯巴赫之后，施韦泽开始撰写演讲稿。

7月28日与29日，他在斯特拉斯堡举办的巴赫纪念会上，作为管风琴演奏家又一次登上了舞台。

10月，在海伦娜的陪伴下，施韦泽前往奥斯陆。11月4日，施韦泽在诺贝尔和平奖的授奖会上发表了演讲，题目为《当今世界的和平问题》。在非洲的丛林时，施韦泽就意识到，战争虽然结束了，但和平并没有真正地得到保障。

为了庆祝施韦泽获得诺贝尔和平奖，挪威首都奥斯陆举办了庆贺活动。挪威的两家报社发动一个募捐活动，筹建"兰巴雷内的挪威病舍"。这次募捐运动得到很多人的支持，因此举办得非常成功，募得的款项甚至超过了诺贝尔奖奖金。星期六的晚上，施韦泽夫妇应邀来到市政厅会见奥斯陆的青年们，人们把施韦泽夫妇带到了窗前，外面的大学生正在手捧蜡烛游行，人们把施韦泽夫妇请到了阳台上，下面有数千人在呼喊着施韦泽夫妇的名字，场面相当壮观。

施韦泽夫妇终于回到了根斯巴赫，原本打算好好在家休息一段时间。但是，施韦泽的80岁诞辰就要到了，斯特拉斯堡、科尔马城、根斯巴赫、赫尔斯巴赫都想在这一天举办活动，他们实在招架不住，只好订了回非洲的船票。

施韦泽80岁生日那天，人们又可以在广播中听到各地为施韦泽送上的祝福，以及授予他的各种荣誉。联邦德国授予他德国科学、艺术最高奖项和平奖，巴黎授予他大金质奖章，英国女王授予他最高英国国民勋章，剑桥大学授予他名誉法学博士的学位。美国"施韦泽之友"协会寄来了2万美元，这是一笔由普通人捐赠、用来支持施韦泽在兰巴雷内的事业的善款。歌德的故乡法兰克福决定以施韦泽的名字命名一条街道，并向医院捐赠了700英镑。巴黎寄来了2000英镑，这期间，摩纳哥还发行了一套纪念施韦泽的邮票。

美国出版了一本祝贺文集，里面有施韦泽的朋友和追随者发表的文章，更为重要的是，甘地、爱因斯坦都在里面写下了对施韦泽的祝福。

来自世界各地的荣誉和祝福，并没有改变施韦泽在兰巴雷内的生活方式，他仍是每天忙碌在兰巴雷内医院里，他无私的付出使得奥戈维河流域的土人们更加信赖这所医院。

# 5. 夫人的离开

1957年，施韦泽已经82岁，海伦娜也有79岁高龄了。施韦泽仍在为自己的事业做着努力。但是夫人的身体则越来越差，长期忍受着非洲的闷热，现在已到了极限。5月，在一位护士的陪伴下，她返回欧洲休息。

海伦娜并没有因此获得健康，6月，一个令人悲痛的消息传到了兰巴雷内，海伦娜在苏黎世的一家私人医院里去世了，她在离开人世之前，唯一的心愿就是把自己的骨灰送到兰巴雷内，安葬在她卧房的窗下。

现在这里已经有了两个简单的木制十字架，一个是施韦泽最忠诚的伴侣海伦娜，另一个是一年前在斯特拉斯堡去世的埃玛·豪斯克纳希特，她的愿望也是将她的骨灰送到兰巴雷内，她在这里生活了大半生，这里是她的第二故乡。

施韦泽突然意识到自己已经82岁了，不知道未来的人生还有多远，施韦泽决定在闲暇的时候，亲自做三个木十字架。一个写上：埃玛·豪斯克纳希特，1956年，逝世于斯特拉斯堡；一个写上：海伦娜·施韦泽，1957年，逝世于苏黎世；另一个则写上：阿尔贝特·施韦泽。施韦泽认为，一个人最幸运的死亡就是自然、安详地死去。

对于海伦娜的离开，施韦泽也有着自己的想法，只要她活在自己的心中，她便是活着的。施韦泽休息时，目光就会落到窗前的木十字架上，思绪也会回到最开始认识海伦娜的那个时候。

他们是在斯特拉斯堡认识的，一起在阿尔萨斯的山村旁的山林中排解心绪，一起调管风琴的音色，施韦泽弹奏巴赫时，海伦娜便在一旁静静聆听。当施韦泽因为研究、演讲、布道而累得疲惫不堪时，海伦娜给了他最大的安慰与鼓励。当施韦泽终于找到一条实现自己理想的道路时，海伦娜还是默默地支持着他。当他要前往非洲蛮夷之地时，海伦娜没有离开他，而是与他匆匆忙忙地结了婚，和他一起前行，并肩坐在轮船上，欣赏着奥戈维河沿途的风光。

在那段最艰苦的日子里，他们同甘共苦，互相勉励，互相安慰，艰难地维持着他们的医院，实施着他们仁爱的精神。还有在俘虏营里患难与共的岁月。

夫妻两人第一次长期分居，是在施韦泽第二次来到兰巴雷内时，海伦娜由于身体原因没有一起前行。在世界各地的演讲与演奏会，在奥斯陆接受诺贝尔奖，与海伦娜在一起的一切记忆都浮现在施韦泽的脑海里。

晚年的海伦娜满头银发，腰虽然有些弯了，但人看上去还是很精神。她患有老年性神经痛，犯起病来，痛苦难耐，双手还不时颤抖，就连上下楼梯都显得十分吃力。每当施韦泽弹奏管风琴时，她总喜欢坐在台阶上静静地倾听，她最大的爱好是种花，医院也被各种花装扮得十分美丽。

往事历历在目，施韦泽思念起海伦娜便悲伤起来，可是医院里的事务由不得他分心，他仍要忍着悲伤，继续着他的理想。

# 6. 八十五岁的诞辰

医院里的房屋已经修建的差不多，于是施韦泽决定再也不搞建筑了，现在的他已经疲惫不堪。但是，不久之后，有人赠送给医院一辆大卡车，于是施韦泽又得开始搞建筑，他要为这辆卡车建造一个车库和一个油库。

当施韦泽看到在这里出生的姑娘们，又回到这里生小孩时，施韦泽意识到自己真的老了，但这并没有影响他的生活，每天吃完晚饭，他还是会坐到那架对他来说十分重要的钢琴前，弹上一曲。弹完前奏，大家就跟着唱起指定的歌曲。之后，他便开始讲起《圣经》中的相关片段，还不时地加以评论。当钟声打断他的讲话之后，他便提起灯，回到自己的房间里。不一会儿，巴赫《赋格曲》的声音便从他的房间里传了出来。

1959年秋，施韦泽返回欧洲，进行休养。这时，汉堡的阿尔贝特·施韦泽学校请他去讲话。在讲话中，施韦泽希望大家记住，非人道精神曾在德国占过统治地位。当施韦泽打算回到根斯巴赫时，一位汉堡的出版商送给施韦泽一幅霍赫胡特的反法西斯主义的画作，这又勾起了施韦泽痛苦的回忆。他回到根斯巴赫的客房之后，在那里仍旧没有休息，每天为邻居们看病，忙着写作，偶尔还要接受记者的采访。

12月，施韦泽来到了巴塞尔，为回到非洲做一些准备工作。与此同时，在明斯特，举行了埃里卡·安德森拍摄的纪录片《施韦泽》的首映式，施韦泽亲自为这部影片写了解说词。

1960年1月14日，施韦泽在非洲度过了他的85岁生日。这位85岁的老人，没有选择在欧洲安享他的晚年，而是在兰巴雷内继续自己的事业，此时，海伦娜已经离开施韦泽两年半了，施韦泽还是会时不时地想起她。

1月13日，平时就一两架飞机的兰巴雷内的机场，突然多了几架飞机，14日，仍有四架飞机飞来，而这些人，都是来为施韦泽庆祝生日的。祝贺的电报也从世界各地飞来，施韦泽已经没有办法逐一回复。

当天早上，白人同事们先聚集在施韦泽的房前，为他唱起了圣诗，唱完，他们走进施韦泽的房间，送上祝福。黑人助手们也不甘示弱，每个人拿着礼物在外面等待着施韦泽，人们把他带到了餐厅，桌上早已放上了蛋糕，并点好了蜡烛，为他庆祝生日。

有一大批远道来的贵客，在等待着祝福施韦泽。施韦泽对他们一一表示感谢之后，还为大家讲起了自己年少时的趣事，以及医院建立初期遇到的一些事情。这一天，全世界都在为这位85岁的老人庆祝生日。

到了6月，医院又要热闹起来了，欧美的学校就要放暑假了，多数人都会利用这个假期四处走走。所以，这个时候总会有成群结队的年轻学生来到兰巴雷内，看望这位老人。而施韦泽更是喜欢这些年轻人的到来，跟他们在一起交谈让施韦泽感到很开心。

当哲学系的大学生们来到施韦泽的工地时，施韦泽让他们为房子的地基准备石块。施韦泽在一本书上看到，人们应该要求客人一起干活，这样他们才能有宾至如归的感觉。晚上，施韦泽则会跟他们一起探讨哲学问题，年轻人的思想和活跃，给施韦泽带来很大乐趣。7月，他终于盼来了外孙女，这位老人心里多了一份温馨祥和。

# 7. 在质疑声中坚定自己的信念

1960年，还有一件不得不提的事，那就是法属的热带非洲独立了，成立了加蓬共和国。虽然这里不再归属于法国所有，这里的人民自由了，但是，当地土人们对施韦泽的敬爱丝毫没有减少。这个刚刚成立的国家还决定把第一个赤道星十字勋章授予施韦泽，感谢他这么多年对这里的贡献，并发行了以纪念施韦泽为主题的邮票。

加蓬共和国给了施韦泽无上的荣誉，就连法国总统也排在了其后。当然，在赞美的声音中，也掺杂着一些质疑声。非洲土人们的民族意识不断增强，他们与常年统治他们的欧洲之间经常发生一些摩擦。在这种情况下，就有一些挑事者站出来对施韦泽提出了质疑。他们指出，施韦泽对待黑人的态度过于严厉，为人古板，以及医院的设施落后等等。除了某些不怀好心的黑人，外界对施韦泽也有些批评，一个著名的"内幕"作家，就曾在自己的书里写道，施韦泽在兰巴雷内建造的医院，的确是世界上最著名的医院，但也是世界上最肮脏的医院。

这样的声音，其实是对施韦泽的精神，对非洲这个地方理解的扭曲。对于这样的质疑、批评、指责，施韦泽并没有放在心上，而且他也承认自己确实有些古板。

医院是有些落后，它没有现代化的照明设备，没有自来水。如果在夜晚遇到了紧急的手术，只能靠手摇发电机给手术室照明，在微弱的灯光下进行手术。直到一位白人病人为了表达对医院的感谢，特地送来了一只大汽油灯，情况才稍稍得到改善，但即便是这种情况，施韦泽也未失误过。

有人说，病房里肮脏不堪。那是他不了解施韦泽的医院，更不了解黑人的生活。施韦泽的医院跟欧洲的医院相比，很破旧，很不堪，但是对黑人们来说，这里就像第二个家。在这里，他们可以毫不忌讳，不会受到约束。

施韦泽认为，现代文明虽然给人们提供了一些方便，但它们也只不过是冰冷的机器，没有感情可言，只有精神才是最重要的。他的崇尚精神主义，也体现在对诗人的态度上。在他心中没有种族之分，没有肤色之分，即便是受白人常年压迫的黑人，施韦泽也不会毫无保留地同情他们，有不对的地方，也一定要让他们改正，因为他坚信只有这样才是真的为他们好。

施韦泽对非洲的独立运动也有自己的看法，那就是与进步派、革命派等保持距离。

在施韦泽眼中，非洲土人们之间存在的最大问题，就是他们不能接受种族之外的人们。在奥戈维河流域工作的传教士们为此已经努力了几十年之久。不过，现在已经慢慢地有些起色了。

施韦泽的一生也都在为此做着贡献。他吃的苦没有白吃，他受的累也没有白受，他的所作所为触动着土人们的心，也触动着全世界人的心，所以他才会引起世界的瞩目。不然，他放弃了在欧洲轻而易举就可以功成名就的机会，来到遥远的蛮夷之地，就是徒劳。

施韦泽虽然不喜欢冰冷的机器，但是也不能完全放弃现代文明，兰巴雷内的医院一直在改善着设备。在二战前期，没有购买成的X光机，现在也有了。1962年，兰巴雷内飞行俱乐部还送来了一架飞机，取名为"施韦泽号"，用来输送紧急病人。施韦泽却从不坐飞机，也不看电视，对于这一点，施韦泽也说自己是厌弃现代文明的古板者。

也许施韦泽是古板的，但是这并不影响他在土人们心中的地位。对他自己而言，能得到这个新成立的国家的最高荣誉，并受到大部分土人的爱戴，比获得任何一种荣誉都值得高兴与骄傲。

当施韦泽以学者、音乐家身份而声名远播之时，他放弃了一切，并决定以一个医生的身份来到遥远的非洲。当时，他一定不会想到，在若干年后，依旧有那么多的荣誉在等待着他。人们把能想到的荣誉都颁给了他，称他是世纪的伟人、丛林里的圣者、和平的使徒……

伟人的一生终究没有被埋没，他已经成为一种人道主义精神的象征，他的事迹也被无数有志青年所效仿。

# 8. 晚年的追求

晚年的施韦泽，把全部精力都投放在麻风病村的建设与呼吁人类和平上。《文化哲学》虽没有完成，而且仍在断断续续地进行着，但在施韦泽的心目中已经不那么重要了。

施韦泽的一生，都在默默地提倡着爱与和平，尤其是获得诺贝尔和平奖后，更令他觉得解决人类和平的问题，已经刻不容缓。

在《向人类呼吁》发表后的一年，施韦泽就多次通过挪威电台，宣读了警告核试验的声明。

当施韦泽87岁时，还在为人类的和平而感到担忧，在一封写给莫斯科《文学报》的关于普遍裁军问题的信中，施韦泽也表示，核战争是没有意义的，它只能残酷地毁灭人类，除此之外它不能解决任何问题。施韦泽在信中再次以伦理原则为基础反对核武器。

1963年夏，当关于在大气、宇宙空间和水中禁止核试验协定的大会取得实质性的进展时，88岁的施韦泽给肯尼迪写了一封信，在信中施韦泽高度赞扬了苏联政府和肯尼迪的决定。这封信引起了广泛的热议，而且在美国参议院批准《莫斯科协定》时也起到了关键性的作用。施韦泽写道：

"人们终于在黑暗中迎来了光明的曙光，而光明终将会驱走黑暗。东西方之间关于结束进行核试验的莫斯科协定是人类历史上最重要的意见大事之一。现在我们终于可以对东西方不打核战争而抱有希望了！"

除了为呼吁人类和平这件大事而感到烦恼外，施韦泽还为消灭麻风病而感到烦恼，更为了造福于麻风病患而奔走呼喊。

麻风病是给人类带来痛苦的非常难以医治的病症之一，而非洲土人得这个病的又特别多，因此在非洲遇到缺指断趾的黑人，一点也不足为奇。不过在赤道非洲的热带地区，麻风病危害人身体的程度比其他地区稍微轻些。因此，土人们对麻风病，并不是十分地畏惧。

施韦泽在1949年，前往美国访问时，大量购买了治疗麻风病的特效新药。在没有这个药之前，施韦泽就只有靠白檀油、大枫子油等来治疗此病，效果甚微。而新药出现之后，麻风病的治愈情况得以改变。于是施韦泽便也下定决心，要好好地为麻风病人服务，而建造麻风病村就是一个很好的开始。

1950年，施韦泽开始着手建造工作。他发动了所有能帮忙的人，在距离医院房舍约800米，原始丛林中开辟了一个角落，建造了包括诊治室、病舍等多幢房屋的麻风病村。

当施韦泽获得了诺贝尔奖后，更是把奖金全部投入到了麻风病村的建设、扩展上，直到1956年，工程才全部竣工。以诊病室为中心，周边的病舍多达20余栋，可同时收容200—250名麻风病病人，规模非常宏伟。虽然这里也是属于施韦泽医院的一部分，但是人们更愿意把它称为"麻风病村"。

　　许多住在麻风病村里的病人，都是全家一起住进来的，所以在这里可以看到很多小孩。患者之中如果有受过教育的，施韦泽便要求他把小孩聚集起来，教他们读书写字。

　　每当圣诞节、新年或者施韦泽的生日，他们便每人手捧一束鲜花，来到施韦泽的房门前面表演一场美妙的合唱，表示对他的种种谢意。麻风病村里的人们都非常尊敬和爱戴施韦泽，但在他们心里，对施韦泽更多的应该是一种感激之情。

# 9. 停止了劳累的生活

　　施韦泽的一生都在劳累中度过，他生命的最后5年也没有例外。他知道自己的时日不多了，便想利用剩余的时间，再为医院做些什么。于是，他又开始了建筑工作。他了解在非洲的丛林中搞建筑有多么的困难，但他有着丰富的建筑经验，他得为他的"离开"做些准备。

　　施韦泽87岁了，虽然看上去还很健硕，但毕竟也是一位高龄老人。施韦泽在跟别人的谈话中，有好几次谈到了死。当美国邀请他去作演讲，施韦泽拒绝了，因为他不知道会在什么时候真正地离去，如果他最后的日子不能在这里度过，那么对他来说将是一种遗憾。

　　1963年4月18日，在兰巴雷内的医院里，举办了纪念施韦泽夫妇到非洲50周年活动。50年前，施韦泽夫妇义无反顾地来到了这个陌生的国度，拯救黑人于困难之中。对黑人来说，施韦泽就像神一样值得尊敬。在庆祝会上，所有的人都向施韦泽表示了敬意，还有很多黑人小孩为施韦泽送来了鲜花。晚餐过后，施韦泽像平常一样弹琴，大家则跟着一起唱着歌。

施韦泽静静地等待着死亡的到来，现在他必须好好地安葬他的伙伴们，埃玛和海伦娜已离开许久，摩门扎立也去世了，施韦泽的助手正在一个一个离去。

1964年，施韦泽花了一段时间整理他的手稿，包括一些日记和未完成的著作。他还把这些年来的重要通信做了编号，并为大量的书籍编制了目录。然后，在同事的帮助下，把它们装进大箱子里，运回了欧洲。

根据施韦泽的意愿，斯特拉斯堡大学将获得他的大部分手稿，另外一些以回忆为主的手稿，放在了根斯巴赫。

1965年1月14日，施韦泽在非洲迎来了自己的90岁生日，同时又迎来了一次全世界的祝福。尽管在别人看来，施韦泽还是很健康，但是只有他知道，自己已没有多少日子了。

赖娜来到了他的身边，一面在实验室里工作，一面参与医院的所有事务。在父亲的感染下，赖娜也越来越喜欢这里，而且她的女儿，在受到外公事迹的感染下，正在瑞士学习医学。

夏季，施韦泽又开始建造病房，现在医院里医务方面的工作都由蒙茨博士主持。8月13日，施韦泽写信给"施韦泽国际委员会"，表示想让自己的女儿赖娜负责医院里的行政领导工作，因为赖娜在医院里有着很高的威信。

8月底，施韦泽感到筋疲力尽，在跟赖娜的谈话中，他告诉赖娜，在他死后，先把消息告诉家里人和斯特拉斯堡的熟人，并按照文件执行遗嘱，另外还要多考虑病人和当地的土人们。至于安葬，就像安葬兰巴雷内的其他人一样，尽量简单。赖娜能在最后的日子守护施韦泽，让他感到非常欣慰。

与赖娜谈完话，施韦泽便昏睡了过去，而他的脉搏也越来越微弱。人们都在为他祈祷，希望他可以好起来。9月4日，昏睡中的施韦泽突然醒了，并想下床到写字台。去写信，所有人都以为他们等到了那个奇迹。但是，施韦泽却突然晕倒了，而且再也没有起来过。就在当晚的23点30分，永远地离开了，正如他所希望的那样，在他离开时是那样的平静、安详。

赖娜按照父亲的意愿，先通知了父亲的弟弟、阿尔萨斯的其他亲戚，以及根斯巴赫的朋友。次日凌晨五点半，汽艇驶向了奥戈维河，向附近的村落告知这一令人痛心的消息。虽然人们已经预感到这一刻迟早会来，但是当它真的来到时，没有人愿意相信。

人们从四面八方赶来，为施韦泽送行，在施韦泽房前的空地上燃起营火，这里聚集了很多人，他们在这里唱起非洲歌曲，并说着各种语言，但最多的是法语，"他是我们的父亲！"

麻风病人为他挖了一个墓，做了一个简单的棺木，遗体由黑人们抬着，下葬在海伦娜的墓旁，按照当地习俗，人们把油棕榈枝叶抛到棺木上，墓地树立的十字架，是施韦泽自己做的，上面写着"阿尔贝特·施韦泽"。

赖娜和蒙茨博士站在施韦泽墓的上方，蒙茨博士念了悼词，护士们唱起了施韦泽生前最喜欢的歌曲，所有的土人们，都眼含热泪向这位伟人告别。

加蓬政府的代表也讲了话："最值得尊敬和最受尊敬的公民去世了……我们国家将珍视他的墓地。伟大的施韦泽博士，你永远地留在了这里。"

当施韦泽去世的消息传遍世界时，各国领导人都发表了悼念的声明。全世界的人们都在为此感到伤心。

施韦泽，以敬畏生命为宗旨，终生致力于服务非洲人民，他的人道主义精神照耀着整个世界。施韦泽不但医好了非洲土人们的身躯，更拯救了他们的灵魂。这位丛林里的圣者结束了他伟大而劳累的一生，但是他的精神是不可磨灭的，他的精神将被传承下去。

附 录

# 阿尔贝特·施韦泽生平

阿尔贝特·施韦泽（1875~1965），也译为阿尔贝特·史怀哲，1875年1月14日出生于阿尔萨斯（当时隶属德国，现隶属法国）。著名的哲学家、神学家、管风琴演奏家、医生、社会活动家、人道主义者，1952年诺贝尔和平奖得主。被称为"非洲之父"。

少年时代的施韦泽，展现出了他过人的音乐天赋，5岁开始同外祖父学习钢琴；7岁时便作了一首赞美诗，并编写和声附在合唱曲的旋律中；6岁的施韦泽虽然还够不到脚踏板，但已开始弹奏根斯巴赫教会的管风琴；9岁时一次偶然的机会使他在礼拜中代替正式的风琴师演奏，从此便开始了在教堂礼拜中担任司琴的工作。

青年时代的施韦泽，在音乐方面已经享有盛名。15岁拜风琴名师尤金·孟许学管风琴，这时，施韦泽与巴赫有了生命中的第一次邂逅；16岁接替游其纳·孟哈在礼拜中的司琴工作，并在圣威廉教堂担任巴赫清唱剧与受难剧的管风琴合唱的伴奏；18岁到法国巴黎跟随著名的管风琴泰斗魏多学琴，同时拜菲利浦学习钢琴；23岁拜李斯特的高徒杜劳特曼学习钢琴；25岁时施韦泽已成为斯特拉斯堡尼古拉教堂的牧师，同时他正在研究音乐理论，并开始管风琴音乐演奏方面的事业。

与此同时，他还获得了哲学博士和神学博士学位。正当他在哲学、神学以及音乐方面享有盛名时，他得知非洲那里缺少医生，便毅然决然地决定了要去那里行医。于是他放弃了现实所有的一切，优越的生活条件以及钟爱的事业、盛名和荣誉，开始学习医学。历经八年的努力，他终于获得了行医证和医学博士学位。

1913年，施韦泽带着和他志同道合的妻子海伦娜来到了加蓬的兰巴雷内，在原始森林边的奥顾河畔建立了丛林诊所，开始为非洲人民奉献他的爱心，并在蛮荒的丛林之地行医近50年。在最初的30多年中，他还经常奔波于欧洲各大城市，举办他拿手的风琴演奏会，为他的医院募集经费。

1952年，施韦泽获得了诺贝尔和平奖，他将奖金毫无保留地用在了增盖兰巴雷内的麻风病院上。

1965年，90岁的施韦泽在非洲逝世。从刚到非洲直至在非洲逝世，他用自己的生命点燃了这片蛮荒之地，给非洲人民带来了健康与安宁。

# 获奖辞

　　我要呼吁全人类，重视尊重生命的伦理。这种伦理反对将所有的生物分为有价值的与没有价值的、高等的与低等的。这种伦理否定这些区别，因为评判生物当中何者更有普遍妥当性所根据的标准，是以人类对于生物亲疏远近的观感为出发点的。这标准是纯主观的，我们谁能确知这种生物本身有什么意义？对全世界又有什么意义？

　　这种分别必然产生一种见解，以为世上真有无价值的生物存在，我们可以随意破坏或者伤害它们。由于环境的关系，昆虫或原生动物往往被认为没有价值。但事实上，我们的直觉意识到自己是有生存意志的生命，环绕我们周围的，也是有生存意志的生命。这种对生命的全然肯定是一种精神工作，有了这种认识，我们才能一改以往的生活态度，而开始尊重自己的生命，使其得到真正的价值。同时，获得这种想法的人会觉得需要对一切具有生存意志的生命采取尊重的态度，就像对自己一样。这时候，我们便进入另一种迥然不同的人生境界。

　　此时，善：就是爱护并促进生命，把具有发展能力的生命提升到最有价值的地位。恶：就是伤害并破坏生命，阻碍生命的发展。这是道德上绝对需要考虑的原则。由于尊重生命的伦理，我们将和全世界产生精神上的关联。平时我都尽力保持清新的思考和感觉，而怀着善的信念，时时依据事实和我的经验去从事真理的研究。

　　今日，隐藏在欺瞒之后的暴行，正威胁着全世界，造成空前烦闷的气氛。虽然如此，我仍然确信真理、友好、仁爱、和气与善良是超越一切暴行的力量。只要有人始终充分地思考，并实践仁爱和真理，世界将属于他。现世的一切暴力都有其自然的限制，早晚会产生和它同等或者超越它的对抗性暴力。可是良善所发挥的作用却是单纯而继续不断的。它不会产生使它自己停顿的危机，却能解除现有的危机。它能消除猜疑和误解。因此，良善将建立无可动摇的基础，而追求良善是最有效的努力。一个人在世是不肯认真去冒险为善的。我们常常不使用能帮助我们千百倍力量的杠杆，却想移动重物。耶稣曾经说过一句发人深思的至理名言：温和的人有福了，因为他们必承受土地。

尊重生命的信念要求我们去帮助所有需要帮助的人，防治大众疫病的奋斗是永远比不上这种帮助的。我们对旧日殖民地的民众所给予的善良帮助，并不是什么慈善事业而是赎罪，因为从我们最初发现航线，到达他们的海岸以来，我们已经在他们身上犯下了许多罪恶。所以，白人和有色人种必须以伦理的精神相处，方能达到真正的和解。为了实践这种精神，我们应该推行富有将来性的政策：凡受人帮助，从艰难或重病中得救的人，必须互助，并帮助正在受难的人们。这是受难的人们之间的同胞之爱。我们对所有的民族都有义务以人道行为及医疗服务来帮助他们。从事这些工作时应带着感谢和奉献。我相信必定有不少人挺身出来，怀着牺牲的精神替这些受难的人服务。

可是，今天我们还深陷在战争的危机里。我们正面临着两种冒险之间的选择。一种是继续毫无意义的原子弹武器竞赛，以及继之而来的原子战争；另一种是放弃原子武器，并寄望美国和苏联以及其他盟邦，能在互相信任的基础上，和平共存。前者不可能为人类带来繁荣，但是后者可以给人类带来繁荣与幸福。我们必须选择后者。也许有人会认为他们可以利用原子装备来吓退对方，可是在战争危机如此高升的时刻，这种假设丝毫不值得重视。

今后，我们的目标是使国家与国家之间的问题，不再以战争的方法来解决。我们必须寻求和平的方式来解决问题。我敢表白我的信心，当我们能从伦理的观点来拒绝战争的时候，我们必定能以谈判的方法来解决问题。战争毕竟是非人道的。我深信，现代人必能创造出伦理的观点，因此今天我将这个真理向世人宣布，希望它不会只被当作虚假的文字看待，以致被置于一旁。

希望掌握国家命运的领袖们，能致力避免一切会使现况恶化、危险化的事情。希望他们铭记使徒保罗的名言：若是能够，总要尽力与众人和睦。这不但是对个人之间的关系而言，也是对民族之间的关系而言。希望他们能互相勉励，尽一切可能维持和平，使人道主义和尊重生命的理想，有充足的时间发展，并且发挥作用。

# 获奖时代背景

阿尔贝特·施韦泽的出生地阿尔萨斯是一处悲剧之地。普鲁士为了统一德国并与法国争夺欧洲大陆的霸主地位，在1870年 — 1871年与法国爆发普法战争。战争以法国失败收场，停战和约苛刻至极，普鲁士要求法国割让阿尔萨斯和洛林两地，并赔款50亿法郎。德法两国因此结怨，成为第一次世界大战的原因。

随后几年里，德国为了扩张势力范围，不断与法国以及欧洲各国发生冲突，各国为了守护自己的利益不被侵害，战事频发。1914年8月第一次世界大战爆发，直到1918年11月结束，战火波及欧、亚、非三大洲，34个国家地区参战，参战人数多达7400余万，其中840万人阵亡，2100万人受伤，受战祸波及的人口达15亿以上。

1917年9月，施韦泽夫妇被强行遣送回欧洲，先是被关进波尔多的一个兵营，随后被转移到圣雷米省一处为阿尔萨斯人建立的特殊拘留所。施韦泽夫妇就像任人摆布的玩偶，没有自由可言，直到德法两国交换战俘时他们才得以回到故乡。颠沛流离的生活并没有打磨施韦泽的意志。虽然施韦泽人在欧洲，但是他的心却系着遥远的非洲人民，战争结束后，他就回到了非洲。

也许是老天有意要折磨这个命运多舛的老人，在施韦泽年近古稀之时，第二次世界大战爆发。1939年9月随着英法两国对德国宣战，第二次世界大战全面爆发。1945年，战争才到达收官结束阶段，5月8日，德国正式签署无条件投降书，三个月后，美国向日本的广岛与长崎两地分别投掷了代号"小男孩"与代号"胖子"的原子弹。1945年9月2日，日本政府派代表在美国战舰"密苏里"号的甲板上签署无条件投降书。第二次世界大战宣告结束。这次战争波及面更广，受到战火影响的人更多，60多个国家地区先后参战，战火蔓延着各大洲，参战人数多达1亿，死亡人数约7000万，受战祸波及的人口达20亿。

第二次世界大战爆发时，施韦泽一直坚守在兰巴雷内的丛林医院，在这里他不仅治疗着人们身体上的病痛，更安抚着他们受伤的心灵。与第一次世界大战相比，在第二次世界大战中，施韦泽受到了"礼遇"，虽然戴高乐的军队和维希的军队进行了兰巴雷内争夺战，不过双方都因为尊敬施韦泽这位世纪伟人，而没有让战火烧到医院。

就在居心叵测的军事家们疯狂地掠夺时，施韦泽却凭借一己之力，倾尽毕生精力，在非洲这片蛮夷之地，拯救着人们的生命与心灵。由于对人类自由与和平的热爱，以及达到四海一家，在为非洲人民医疗服务的自我牺牲精神，施韦泽获得了1952年度的诺贝尔和平奖。

# 阿尔贝特·施韦泽年表

1875年1月14日，阿尔贝特·施韦泽诞生于阿尔萨斯的凯泽贝尔，半年后全家移居根斯巴赫。父亲路德维希·施韦泽是一名牧师，母亲阿德勒是牧师的女儿。

1880-1884年，在根斯巴赫的乡村公立小学学习。

1884-1885年，就读于阿尔萨斯的明斯特职业中学。

1885-1893年，就读于米尔豪森的普通中学。跟随尤金·孟许学习钢琴与管风琴。

1889年，恩师尤金·孟许死于伤寒，为了纪念恩师，施韦泽写了生平第一本著作。

1893年，在米尔豪森完成新教坚信礼。

1893年6月18日，获得毕业文凭。

1893年10月，进入斯特拉斯堡大学修读哲学和神学，同时在巴黎跟随魏多学习管风琴。

1894-1895年，在斯特拉斯堡第143步兵团服役。

1896年，圣灵降临节期间决定在30岁后要从事为人类服务的事业。

1898年5月6日，第一次参加神学考试。

1898-1899年，冬季学期，在巴黎学习哲学和音乐，撰写有关康德的博士论文。

1899年，在柏林学习哲学。

1899年8月2日，获得哲学博士学位。

1900年7月15日，参加第二次神学考试。7月21日关于圣餐问题的论文通过神学博士考试。11月14日在斯特拉斯堡圣尼克拉教堂出任牧师。

1902年3月1日，在斯特拉斯堡大学的新教神学系获得授课资格。申请授课资格论文为《弥赛亚的秘密和受难秘密》（1901年）。

1903-1906年担任斯特拉斯堡托马斯神学院的舍监。

1904年秋，看到刚果传教的呼吁，决定了自己服务的方向。

1905年7月9日，向巴黎传教协会表达自己的意愿。出版法文版《巴赫》。10月13日，宣布成为原始丛林医生的愿望，并开始学医。

1906年，出版《德国和法国管风琴制作艺术和管风琴艺术》与《从赖马鲁斯到费雷德——耶稣生平研究史》。

1908年5月14日，医科大学预科考试。出版德文版《巴赫》。

1909年，与马蒂亚斯合作出版《关于管风琴制作的国际章程》。

1910年12月3日，结束医学国家考试。

1911-1912年，实习医生。出版《保罗研究史》。

1912年2月11日，获得行医许可证。春季退出布道机构。6月18日与海伦娜·布雷斯劳结婚。12月14日，"由于值得赞赏的学术成就"，被德国地方长官授予教授头衔。

1913年3月，以《关于耶稣的精神病学的评定》的论文获得医学博士学位。结束对《耶稣生平研究史》的修订。3月21日，与海伦娜从根斯巴赫出发，前往非洲。4月4日，由于系内拒绝休假，通过书面报告放弃高校授课的许可，辞去大学教职。4月16日，到达兰巴雷内。

1913-1917年，在非洲第一次居留

1914年，从8月到11月被软禁在家。

1915年9月，发现"敬畏生命"的概念。从事文化哲学的研究。

1916年7月3日，由于军马受惊，导致74岁的母亲重伤而死。

1917年9月，被法国当局送回欧洲，受拘于波尔多的集中营。施韦泽患上了痢疾。

1917-1918年，在加赖松和圣雷米集中营。

1918年7月，回到阿尔萨斯。9月1日，接受施托尔策教授的灌肠手术。之后重新担任圣尼古拉教堂的代理牧师和市民总院的助理医生。

1919年1月14日，女儿赖娜出生。2月，关于"敬畏生命"的两次布道。夏季，第二次手术。10月，在巴塞罗那举行第一次战后管风琴音乐会。12月，受瑞典大主教瑟德布卢姆的邀请在乌普萨拉演讲。

1920年1月，随着《凡尔赛协定》生效，施韦泽成为法国公民。春夏，在瑞典旅行、演讲、报告、管风琴音乐会。还清债务，决定在兰巴雷内继续工作。出版《水和原始森林之间》。获苏黎世大学荣誉神学博士学位。

1921年4月，辞去斯特拉斯堡的两个职位。从事自由写作和艺术工作。

1921-1922年，在瑞士（3次）、瑞典（2次）、美国、丹麦举行音乐会和巡回演讲。在根斯巴赫从事《文化哲学》的研究。

1923年1月，在布拉格大学作关于文化哲学的演讲，内容为《文化的衰落与重建》、《文化与伦理》、《基督教和世界宗教》。为海伦娜和赖娜在黑林山的国王地建造房屋。秋季，在斯特拉斯堡听助产和牙医的课程，在汉堡听热带医学课程。

1924年，出版《我的青少年时代》。2月21日，第二次前往非洲（独自前往）。7月18日，阿尔萨斯人马蒂尔德·科特曼作为第一名护士来到了兰巴雷内。10月19日，阿尔萨斯人维克托·内斯曼作为第一个医生来到兰巴雷内。

1925年5月5日，79岁的父亲去世。秋季开始为一个较大的医院开辟地基。

1927年1月21日，迁入新的木板房。7月21日，回到欧洲。

1927-1929年，在瑞典、丹麦、荷兰、英国、瑞士、德国、捷克斯洛伐克举行音乐会和报告会，在伦敦录制唱片。

1928年8月28日，获法兰克福市的歌德奖。作关于歌德的第一次谈话。

1929年9月，"德国之友协会"诞生。里夏德·金克在乌尔姆等地发起呼吁"阅读、学习、热爱施韦泽"，并像他一样"生活"。用歌德奖金加固根斯巴赫的住宅。

1930-1931年，在夫人的陪同下第三次到兰巴雷内。海伦娜由于身体不适在1930年复活节回到欧洲。

1930年，谢绝莱比锡大学神学系聘任。出版《使徒保罗的神秘主义》。

1931年，出版《我的生平和思想》。获爱丁堡大学荣誉博士学位。

1932年3月22日，在法兰克福歌德逝世100周年上作纪念讲话。7月9日，在乌尔姆作《作为思想家和人的歌德》的报告。在德国、荷兰、英国做报告和举行音乐会。获牛津大学荣誉神学博士学位。

1933-1934年，第四次前往非洲。

1934年10月到11月，在牛津和爱丁堡作关于宗教哲学的讲演。

1935年2月到8月，第五次前往非洲。11月，在爱丁堡作关于宗教哲学的第二部分演讲。12月，在伦敦录制唱片。出版《印度思想家的世界观》。

1936年10月，在斯特拉斯堡录制唱片。

1937-1939年，第六次前往兰巴雷内。

1938年，出版《非洲史》。

1939年由于紧迫的战争危险的印象，回到阿尔萨斯只用12天处理最重要的事物。

1939-1948年，第七次前往兰巴雷内。

1940年10月到11月，在兰巴雷内，戴高乐和维希政府之间的军队展开了战斗，但双方都未损伤医院。

1941年8月2日，在一次经过安哥拉的艰难旅行后，海伦娜到达了兰巴雷内，一直居住到1946年9月。

1942年春，第一次援助运送，首先是来自美国的药品。

1948年10月24日，抵达波尔多。

1949年7月8日，在阿斯彭科罗拉多作关于歌德200周年诞辰的节日讲话《歌德·人和事业》。

1949年11月-1951年5月，第八次前往兰巴雷内。从1949年11月至1950年6月与海伦娜在一起。

1950年，出版《歌德·四次讲话》、《鹈鹕叙述他的生平》。

1951年9月16日，在保罗教堂获德国书业和平奖。10-11月，在瑞典。

1951年12月-1952年7月，第九次前往兰巴雷内。

1952年9月，在根斯巴赫录制唱片。9月30日，获帕拉切尔苏斯奖章。韦里茨·贝恩多次为施韦泽造型，素描、油画、陶土胸像。12月20日，施韦泽作为贝当的继承者，被选为法兰西科学、道德和政治科学院院士，作关于《在人类思想发展中的伦理问题》的讲演。

1952年12月-1954年5月，第十次前往兰巴雷内。

1953年5月，开始在医院附近建设一个麻风病区。10月，施韦泽获得1952年度的诺贝尔和平奖。奖金数额正好够建立一个麻风病区。

1954年7月28日-29日，在斯特拉斯堡的托马斯教堂举行巴赫音乐会，作为管风琴家在公共场合最后一次登台。11月4日，与海伦娜一起在奥斯陆接受诺贝尔和平奖。出版《当今世界的和平问题》。

1954年12月-1955年7月，与夫人第十一次共赴兰巴雷内。

1955年5月，加固麻风病区。秋季，在英国、巴黎、德国、瑞士访问。11月11日，在波恩获德国科学、艺术最高奖（和平奖）。

1956-1957年，与夫人第十二次共赴兰巴雷内。

1956-1961年，在日本出版了施韦泽著作的第一部全集（19卷）。

1957年4月23日，奥斯陆广播电台播送了原始丛林医生反对核试验的呼吁。5月22日，海伦娜离开了兰巴雷内。6月1日，海伦娜在苏黎世去世，享年78岁。夏末，在欧洲停留期间，由于右手中指骨断裂，遇到严重困难。

1957年12月-1959年8月，第十三次前往兰巴雷内。

1958年1月25日，在海伦娜安放骨灰坛的墓穴上，施韦泽树立了一个亲手刻上生卒年月的白色的石十字架。4月28-30日，通过奥斯陆广播电台，发表了三次反对原子危险的广播呼吁《和平或者原子战争》。

1959年10月，在根本哈根获得森宁奖。最后一次德国旅行。11月，在巴黎逗留了3周，其中包括去布鲁塞尔和鹿特丹的短期旅行。12月9日，84岁的施韦泽离开了欧洲。

1960年7月23日，新生的加蓬共和国发行了以施韦泽肖像为画面的第一枚纪念邮票。

1961年，获不伦瑞克技术大学荣誉博士学位。

1963年4月18日，到达非洲五十周年纪念日。（日期确定为4月16日）。

1965年1月14日，90岁诞辰，接待来自全世界的访问者。春季和夏季，建筑、通讯、结束《巴赫的管风琴序曲和赋格》的批判版。8月27日，最后一封信：我很健康。几天后日益虚弱。9月4日，施韦泽于午夜逝世。

# 获奖当年世界大事记

## （1952年）

2月6日，英皇乔治六世逝世，伊丽莎白二世继位。

2月18日，土耳其和希腊加入北约。

3月19日，中央民族学院广西分院在南宁成立。

5月26日，美英法3国与西德签订了《波恩条约》。

5月28日，广西大瑶山瑶族自治区成立。

6月10日，毛泽东为中华全国体育总会成立挥笔写下了"发展体育运动，增强人民体质"12个熠熠生辉的大字。

7月19日，第十五届奥林匹克运动会于芬兰当地时间下午1点在赫尔辛基正式开幕。

8月1日，中国人民解放军总政治部所属八一电影制片厂在北京成立，原名中国人民解放军电影制片厂，1956年7月1日改今名。八一厂第一部影片是1952年拍摄的军事教育片《河川进攻》，1955年开始生产故事片。

8月1日，"人民英雄纪念碑"在北京天安门广场正式动工兴建。1949年9月30日，中国人民政治协商会议第一次会议决定在北京建立"人民英雄纪念碑"，并举行了奠基仪式。纪念碑于1958年4月建成。

10月2日，英国的第一颗原子弹在澳大利业附近的蒙特贝洛群岛爆炸成功。

10月11日，南日岛战役爆发。

10月13日，亚洲及太平洋区域和平会议大会执行主席彭真主持

阿尔贝特·施韦泽传

181

通过《告全世界人民书》。

10月14日，上甘岭战役开始。

11月1日，美国在太平洋比基尼岛核试验基地爆炸成功了世界上的第一颗氢弹。

11月4日，美国总统竞选；民主党AdlaiE·Stevenson输给了共和党德怀特·艾森豪威尔。